Max Lenz

Drei Tactate aus dem Schriftenzyclus des Constanzer Concils

Max Lenz

Drei Tactate aus dem Schriftenzyclus des Constanzer Concils

ISBN/EAN: 9783743622074

Hergestellt in Europa, USA, Kanada, Australien, Japan

Cover: Foto ©ninafisch / pixelio.de

Weitere Bücher finden Sie auf **www.hansebooks.com**

DREI TRACTATE

AUS DEM

SCHRIFTENCYCLUS

DES

CONSTANZER CONCILS

UNTERSUCHT

VON

DR. MAX LENZ

PRIVATDOCENT DER GESCHICHTE AN DER UNIVERSITÄT HAMBURG

———————

MARBURG.

N. G. ELWERT'SCHE VERLAGSBUCHHANDLUNG.

1876.

Meinem Lehrer

Herrn

Professor Bernhard Erdmannsdörffer

in

Heidelberg.

sur *Tissot, Serrurot* et *Pelisson*, qui viendraient de *tissier* (tisserand), *serrurier* et *pélissier*. Qu'on ait dit *serrurot* pour *serrurerot*, passe, mais *Tissot* est le diminutif de *Baptiste* (ainsi que les autres formes citées p. 33) ; *Pelisson* veut dire *pelisse* en ancien français, et peut très-bien dans ce sens être devenu nom propre, comme *chaperon*, etc. Ainsi l'objection que M. Ritter croit avoir détruite (p. 34) subsiste.

---

8. — **Drel Tractate aus dem Schriftencyclus des Constanzer Concils,** untersucht von D' Max Lenz. Marburg, 1876, in-8°, 98 p.

Voici une dissertation intéressante pour l'histoire de la littérature religieuse des premières années du xv° siècle. Le docteur Max Lenz soumet à un examen critique minutieux et fort bien conduit trois traités qui ont été longtemps attribués à l'école française. Le *De modis uniendi* qu'Hardt croyait être de Gerson, le *De difficultate reformationis* et les *Avisamenta pulcherrima de unione|et reformatione membrorum et capitis fienda* [1], écrits·que le même Hardt croyait l'œuvre de Pierre d'Ailly. Ces attributions sont aujourd'hui rejetées. Schwab a soutenu que les *Avisamenta* sont dus à Dietrich de Niem et non à Pierre d'Ailly (Hardt avait lui-même, après coup, entrevu ce fait) : il a soutenu enfin que le *De difficultate* est du même Dietrich, et il a fait honneur du *De modis uniendi* à André de Randuph, qui professa à Bologne : opinion adoptée et défendue par Otto Hartwig. Ne tenant pas ces solutions pour définitives ou pour suffisamment motivées, M. Max Lenz se livre, sur ces divers points, à des investigations très-sérieuses. Il admet, avec Schwab, que les *Avisamenta* sont bien de Dietrich : il fournit, à l'appui de cette thèse, des arguments nouveaux et signale notamment certaines coïncidences frappantes d'expression et d'idée entre ce traité et d'autres ouvrages signés par Dietrich de Niem.

Après quoi, il passe à l'examen comparatif des traités : *De modis uniendi* et *De difficultate reformationis*. Il montre que ces écrits sont étroitement apparentés, que tel développement qui manque manifestement à l'un des traités se retrouve dans l'autre et qu'ainsi les deux opuscules, ébauches d'un même auteur, se complètent l'un par l'autre. Cet auteur commun ne saurait être que Dietrich. En effet, on peut signaler dans le *De modis uniendi* divers traits caractéristiques et très-personnels qui se retrouvent en d'autres écrits de Dietrich. Cet opuscule contient aussi une allusion à la ville de Cologne, allusion qui est évidemment le fait d'un homme en relation particulière avec Cologne et convient par-

---

1. Appelés par l'éditeur moderne : *Monita de necessitate reformationis Ecclesiæ in capite et in membris.*

faitement à Dietrich, nullement à André de Randuph. Il faut donc re
jeter l'opinion de Schwab et éliminer André : sans doute, on reconnaîtra
que certaines idées sont communes au *De modis uniendi* et à un ouvrage d'André, le *Gubernaculum conciliorum*, mais ces idées sont, pour
ainsi dire, dans le domaine public : elles n'ont rien de caractéristique,
et il n'y faut chercher aucun élément de critique.

Après avoir ainsi confirmé les vues de Schwab en ce qui touche le
De difficultate reformationis et les *Avisamenta pulcherrima*, combattu,
au contraire, l'opinion de cet auteur quant au traité *De modis uniendi*,
M. Lenz termine par quelques observations fort importantes pour la
critique ; j'en citerai une : Hardt a publié sous ce titre : *De Romanorum
imperatoris majestate supremoque jure*, un morceau où il a cru recon-
naître la touche de Pierre d'Ailly. Ce morceau n'est autre chose que la
préface d'un ouvrage de Dietrich, intitulé : *Privilegia aut jura imperii*.

La dissertation du docteur Max Lenz sera lue avec fruit par quiconque
s'intéresse à l'histoire religieuse du xv⁰ siècle. Elle révèle un esprit critique exercé, et quelques-uns des résultats auxquels arrive l'auteur sont
nouveaux.

Paul VIOLLET.

---

9. — A. DEMASURE, **Antoine Loisel et son temps** (1536-1617). Paris, Thorin,
1876, 71 p. in-8°. — Prix : 2 fr.

Cet opuscule est un discours d'ouverture d'une conférence d'avocats :
mais, bien qu'il ne soit pas absolument exempt des ornements et des dé-
veloppements de rhétorique qu'entraîne presque fatalement ce genre de
composition littéraire, le fond en est solide et intéressant. Comme magis-
trat et comme érudit, Loisel occupe un rang éminent, même dans un siècle
où la magistrature fournit à la science tant d'hommes supérieurs. Disciple
de Cujas, ami de Pierre Pithou et d'Estienne Pasquier, d'abord avocat,
puis successivement substitut du procureur général à Paris, avocat de
Monsieur à l'Echiquier d'Alençon, avocat du roi en Guyenne, enfin avocat général à Paris, il montra dans toutes ces fonctions un remarquable
esprit d'équité, de fermeté et de tolérance, malgré les violences et les troubles de cette époque. Zélé catholique, il fut toujours hostile aux persé-
cutions et c'est chez lui que Pierre Pithou, alors protestant, se réfugia
pendant le massacre de la Saint-Barthélemy. Tout en remplissant avec
un zèle infatigable ses devoirs professionnels, il écrivait ses *Mémoires de
Beauvais en Beauvaisis*, ses *Institutes coutumières* et de nombreux opuscules parmi lesquels plusieurs sont aujourd'hui malheureusement perdus.
M. Demasure en donne une liste très-complète. Celui des manuscrits
dont la perte est le plus regrettable, est sans contredit le *Journal des
troubles du 9 mars 1588 au 9 décembre 1593*, que le P. Maimbourg a

Unter den Schriften, die Hermann von der Hardt in seinem grossen Sammelwerke über das Constanzer Concil zum ersten Mal veröffentlichte, haben von je den hervorragendsten Rang behauptet die drei eng verwandten Abhandlungen *De modis uniendi ac reformandi ecclesiam in concilio universali, De difficultate reformationis in concilio universali* und *Monita de necessitate reformationis ecclesiae in capite et in membris.* Hardt druckte die beiden ersten aus einem Helmstädter Manuscript ab, während ihm die letzte aus der Wiener Bibliothek zukam. [1]) Die Titel und die Eintheilung in Kapitel sind eine willkürliche Zuthat des Herausgebers, der wenigstens für den letzten Tractat eine ältere Überschrift beseitigte, »um sie dem verfeinerten Geschmack seines Zeitalters anzupassen«. Jene ältere Aufschrift war: *Avisamenta pulcherrima de unione et reformatione membrorum et capitis fienda.* [2]) Den Text versichert er gewissenhaft gewahrt zu haben; von oft sinnentstellenden Druckfehlern hat er ihn darum nicht frei gehalten. Mit Recht setzt er die Abfassungszeit der beiden ersten Abhandlungen in das Jahr 1410: sie fallen in den Herbst oder den Spätsommer desselben. Unrichtig hingegen ist die Annahme, die *Avisamenta pulcherrima* seien in den ersten

---

[1]) *Tom. I., pars V.*, fol 68 ff, fol. 265 ff. *(pars VI. und VII.).*
[2]) Hardt I 275.

1

Monaten des Constanzer Concils niedergeschrieben worden: sie wurden vielmehr kurz vor dessen Beginn aufgestellt. [1]

Diese Abhandlungen verdankten ihren Ruhm sowohl ihrem Inhalt als dem Ansehen der Männer, unter deren Namen sie in die Welt traten. Niemals in jener gährenden Zeit war die Simonie und Tyrannei der geistlichen Herrscher der Christenheit und ihres Hofes schonungsloser aufgedeckt und zorniger angegriffen, niemals die Reinigung und Umwandlung der Kirche an Haupt und Gliedern leidenschaftlicher gefordert. Keine andere Schrift schien so der Ausdruck der Zeitstimmung zu sein, keine solchen Einfluss auf sie geübt zu haben. Welch ein Unterschied zwischen dem Pisaner Concil, das durch den Abfall zweier Cardinalscollegien zu Stande gekommen, von Frankreich beherrscht, von den beiden Päpsten, die es absetzte, mit vollem Recht als revolutionär verdammt wurde, das den Sitten keine Heilung, dem Glauben keine Wiederherstellung, der Verfassung keine Einheit brachte, und andererseits der Kirchenversammlung zu Constanz, welche, von Papst und Kaiser berufen, von allen Staaten der abendländischen Christenheit beschickt, zwei Päpste zur Abdankung zwang, den dritten absetzte, einen neuen erwählte, die Ketzer verbrannte und ihre Lehren verdammte, die, in Wahrheit eine Vertretung der gesammten Christenheit, richtete und beschloss und der Kirche eine neue Verfassung gab! Vornehmlich diese Schriften erklären die Umwandlung der Geister in der Zeit zwischen beiden Versammlungen, die solchen Umschwung möglich machte. In der ersten und bedeutendsten waren die Wege, auf denen man in Constanz

---

[1] Zwei Stellen machen das gewiss, c. 17: *item disponatur in eodem concilio generali proxime celebrando* und c. 24 (H. I. 300): *expedit igitur, ut ipsa curia in suis membris in ipso instanti concilio reformetur.* C. 6 (H. 282) wird der Tod des Königs Ladislaus von Neapel erwähnt: *praeterea per obitum illius quondam impii Ladislai regis Siciliae adeo grata tranquillitas eidem romanae ecclesiae orta est.* Dieser starb den 6. August 1414. Danach wird die Abhandlung im September oder October dieses Jahres abgefasst sein.

zur Einheit des Hauptes gelangte, vorgezeichnet. Der Satz von
der Oberhoheit des Concils über den Papst, der am 6. April 1415
in den schneidigen Worten des berühmten Drecrets *Frequens* ver-
fassungsmässige Geltung erlangte, war hier aufs tiefste begründet,
aufs schärfste formulirt, aufs leidenschaftlichste gefordert. Vor
allem die Gestalt, in der das Concil ins Leben trat, war hier
vier Jahre vorher als das Idealbild einer Kirchenversammlung hin-
gestellt worden: das Universaledict, durch das Sigismund am 30.
October 1413 die Fürsten und Völker der Christenheit zur Beschickung des Concils einlud, scheint nur ein Wiederhall dieser
Schrift; das Amt, das der römische König hier in Anspruch nahm,
das Concil zu berufen und zu leiten und der Kirche Heilung von
ihren Schäden, Wiederherstellung ihrer Einheit und ihres Glaubens zu bringen, war schon von dem Verfasser jener Abhandlung
für ihn gefordert; und als die Christenheit wirklich dem Rufe
ihres Schirmherrn gefolgt war, als dieser nach der Verbrennung
des böhmischen Ketzers und der Abdankung Johanns XXIII. und
Gregors XII. ausziehen wollte, den dritten schismatischen Papst zu
unterwerfen, und unter dem Beifall der versammelten Väter jene
phantastischen Pläne entwickelte von der Schlichtung allen Haders
in der Christenheit im Namen des Concils und von einem Kreuz-
zuge gegen die Ungläubigen unter seiner Leitung, da schien den
kühnsten Hoffnungen jener Flugschriften Erfüllung zu werden.
In diesen Abhandlungen, vornehmlich wieder in der ersten, meinten
zugleich der Herausgeber und die ihm nachfolgenden die Gesinnung
zu finden, die sie überhaupt in dem Constanzer Concil lebendig
glaubten: Gedanken, die ein Jahrhundert später ins Leben traten,
sahen sie hier mit erstaunlicher Kühnheit ausgesprochen; der
Geist der Reformation schien durch diese Blätter zu wehen.

Und diese Schriften traten unter den Namen der beiden
hervorragendsten geistigen Leiter ihrer Zeit, vor allem auf der
Kirchenversammlung zu Constanz selbst, in die Welt. Hardt
erklärte die erste für eine Arbeit des Kanzlers der Pariser Universität, Johannes Gerson, während er die beiden andern seinem
berühmten Lehrer und Freunde, Pierre d'Ailly, Cardinal und

1*

Bischof von Cambray, zuerkannte. Für die letzte Schrift ward ihm später die Urheberschaft des Cardinals von Cambray zweifelhaft. Da Gessner und Meibom von einer Handschrift auf der Wiener Bibliothek berichtet hatten, die über die Reformation der Kirche handelte und Dietrich von Niem zum Verfasser hätte, kam er auf die Vermuthung, dies möchte die Abhandlung *De necessitate reformationis* und Dietrich ihr Verfasser sein [1]). Spätere sahen über jene Zweifel hinweg, nahmen die Arbeit, die trotzdem in dem Hardtschen Werke unter dem Namen d'Aillys abgedruckt war, gläubig unter die Werke desselben auf, und so galten anderthalb Jahrhunderte hindurch jene Männer für die Verfasser der drei Schriften.

Auf Grund dieser Abhandlungen besonders hat sich dann in der wissenschaftlichen Welt die Ansicht festgesetzt von dem evangelischen Charakter der beiden Pariser Professoren. Als Vorläufer der Reformation hätten sie vor andern den Primat bekämpft und die Theologie in eine freiere Richtung bringen wollen. Andere bemerkten den Widerspruch, in dem die Schriften zu den uns bekannten Arbeiten dieser Männer und zu ihrem Wirken auf dem Constanzer Concil standen. Die Urtheile verwirrten sich dadurch nur noch mehr: man hielt sie wohl für »selbstgefällige Sophisten, deren freies Denken und Forschen alsbald seine Schranken gehabt habe, wenn ein kühner Ketzer über die Externa des kirchlichen Verfassungskampfes hinaus mit selbständigem Geiste in das Dogma zu dringen gewagt« [2]), während wieder andere in der Begeisterung der Verfasser für die Wiederherstellung des Kaiserthums in dem alten Glanze der Zeit Ottos des Grossen die Macht des ghibellinischen Gedankens bewunderten, der damals die Welt durchzuckt, selbst in den Herzen der Franzosen das glühende Verlangen nach Herstellung des herabgekommenen römisch-deutschen Kaiserthums in den alten Grenzen seiner geistlichen und weltlichen Macht ent-

[1]) Hardt 485.
[2]) G. Voigt, Enea Silvio *I. 189.*

zündet und vor allem das Zustandekommen des Constanzer Concils bewirkt habe.[1])

Allen diesen verwirrenden Urtheilen ist durch das Buch Schwabs über Johannes Gerson der Boden entzogen worden. Er suchte nach den Gründen, die Hardt in seinen Vorreden für die Urheberschaft jener Männer beigebracht habe, und fand, dass solche nicht vorhanden waren. Er las die Schriften selbst und bemerkte, dass ihre dogmatischen, sittlichen und historisch-politischen Grundsätze im denkbar schroffsten Widerspruche zu den Ansichten standen, die Johannes Gerson und Pierre d'Ailly bekannten. Diese Erkenntniss ward ihm der Hebel, durch den er alle schiefen Ansichten über Gerson beseitigte und das Bild des grossen Pariser Kanzlers in das richtige historische Licht rückte.

Schwab begnügte sich aber nicht damit, die Unmöglichkeit einer Abfassung jener Schriften durch Gerson und d'Ailly dargethan zu haben: er suchte die Verfasser selbst zu finden. Für die *Avisamenta pulcherrima* hielt er an der spätern Ansicht Hardts, Dietrich von Niem sei ihr Urheber, fest. Der Hinweis Gessners auf das Manuscript der Wiener Bibliothek und die Uebereinstimmung mit den uns bekannten Schriften Niems schien ihm das unzweifelhaft zu machen. Mit nicht minderer Sicherheit erkannte er als ein Werk desselben Mannes die Abhandlung *De difficultate reformationis*. Er fand nämlich, dass in des Verfassers wegwerfendem Urtheil über die luxemburgischen Herrscher, die des Reiches Rechte verschleudert hätten, oft wiederholte Klagen Dietrichs, ja eine Grundansicht und ein Haupthebel seiner literarischen Thätigkeit wiederkehrten. Weniger sicher, aber immer noch höchst wahrscheinlich glaubte er den Verfasser der ersten und bedeutendsten Schrift in dem Benedictinerabt und Bologneser Professor Andreas von Randuph zu erkennen. In seinem Sammelwerke *Nemus unionis* hat Dietrich von Niem eine Streitschrift

---

[1]) Droysen. Geschichte der preussischen Politik, in der ersten Auflage I. 259 ff.

dieses Mannes gegen den Cardinal-Erzbischof von Ragusa, einen Anhänger Gregors XII., den auch er literarisch bekämpfte, mitgetheilt. Aus der Wiederkehr mehrerer Anschauungen und Citate dieses Libells in der Abhandlung *De modis uniendi* glaubte Schwab jenen Schluss herleiten zu dürfen. Da er sah, dass in dieser Abhandlung Bedenken gelöst wurden, die in *De difficultate reformationis* aufgeworfen waren — wie dies schon auf der Helmstädter Handschrift bemerkt worden war [1], — so schloss er: beide Schriften seien aus dem literarischen Verkehr jener Männer entstanden; wie *De difficultate reformationis* Dietrich, so gehöre *De modis uniendi* Andreas von Randuph [2]).

Eine glänzende Bestätigung schien diese Combination des Biographen Gersons einige Jahre später durch eine Entdeckung Otto Hartwigs zu erhalten. Hartwig fand in einer Schrift aus der Zeit des Basler Concils, vom Jahre 1435, die Hardt am Schlusse seines Sammelwerkes mitgetheilt hat [3]), nicht nur dieselben Stellen, deren paralleles Erscheinen in der Abhandlung des Andreas von Randuph und der Schrift *De modis uniendi* Schwab in diesem Abte den Verfasser der letzteren Schrift vermuthen liess, sondern eine Reihe weiterer Stellen, die nur in *De modis uniendi* vorkamen; er glaubte dann eine Stelle zu bemerken, in der der Verfasser des *Gubernaculum conciliorum* auf eine frühere Schrift von sich zurückwies, und diese Ausführungen in *De modis uniendi* wieder zu finden, und er wies endlich in einer nicht zu bezweifelnden Weise die Indentität des Verfassers des *Gubernaculum*, der auf der Handschrift als »*Andreas episcopus Magorensis*« bezeugt wird, mit der Person des Andreas von Randuph nach. Seltsamer Weise blieb der kleine Aufsatz, in

---

[1]) Hardt 270.

[2]) Schwab, Johannes Gerson 487 ff.

[3]) *Andreae, Episcopi Magorensis, Hispani* . . . . . *Gubernaculum Conciliorum, Iuliano de Cesarinis Cardinali inscriptum eique in Basileensi Concilio praesidenti A. 1435 missum atque oblatum. Ex cod. Msc. Helmstadiensi, h. t.* (Hardt VI. 139—334).

dem diese glänzende Probe auf die Schwabschen Combinationen gemacht worden war, in der Zeitschrift für die historische Theologie (Jahrg. 1861, S. 308—311) vollständig verborgen, bis er vor kurzem in einer Recension von Tschackert über die Abhandlung Sauerlands »Das Leben des Dietrichs von Nicheim« wieder aufgetaucht ist [1]).

So hat man in neuerer Zeit die Combinationen Schwabs in Zweifel gezogen [2]) oder doch die Nothwendigkeit einer erneuten Prüfung betont [3]). Und in der That bedürfen die Schwabschen Annahmen über die Urheberschaft des Tractats *De difficultate reformationis* und der *Avisamenta pulcherrima* festerer Stützen, um allgemeinere Geltung finden zu können. Aber auch die Combination Schwabs über den Verfasser von *De modis uniendi* kann, wie ich darzuthun hoffe, trotz ihrer scheinbar so völligen Rechtfertigung durch Hartwig, vor einer näheren Prüfung nicht bestehen. Es würden daher die nachfolgenden Untersuchungen Berechtigung haben, selbst wenn sie keine positiven Resultate ergäben und nur die Festigkeit der bisherigen ins Wanken brächten. Indessen hoffe ich, die Behauptungen Schwabs nach der einen Seite stützen und, wenn ich sie auf der andern erschüttere, ein neues gleich positives Ergebniss an ihre Stelle setzen zu können [4]).

---

[1]) Theologische Literaturzeitung, Jahrgang 1876, No. 1.

[2]) Sauerland, das Leben des Dietrich von Niebeim, 74 f. Tschackert spricht in seiner Abhandlung »Der Cardinal Peter von Ailly und die beiden ihm zugeschriebenen Schriften *de difficultate reformationis in concilio universali* und *monita de necessitate reformationis ecclesiae in capite et in membris*« (Jahrbücher f. d. Theol. XX. 272 ff.) die Ueberzeugung aus, dass Dietrich von Niem der Verfasser dieser beiden Schriften sei, ohne sie jedoch zu begründen. Der Aufsatz ende: überhaupt da, wo er hätte anfangen sollen, vor der Frage nach dem Verhältniss des Dietrichs von Niem zu diesen Schriften, denn dass d'Ailly der Verfasser nicht gewesen sein kann, ist seit Schwab zweifellos.

[3]) Moriz Ritter in der Recension der eben erwähnten Schrift Tschackerts (Theolog. Literaturblatt, Jahrg. 1876, S. 12 f.)

[4]) Der Beweis kann nur durch innere Gründe geführt werden, da die Manuscripte heute weder auf der Wolfenbüttler noch auf der Wiener Bibliothek vorhanden sind.

I.

Ich beginne mit der Untersuchung über die Urheberschaft der *Avisamenta* und bemerke sogleich, dass ich die Ansicht Sc h w a b s, Dietrich von Niem sei der Verfasser, zu stützen versuchen werde. Der Schluss, den schon Hardt aus der Angabe Gessners in Verbindung mit der Thatsache, dass seine Handschrift aus der Wiener Bibliothek stammte, gefolgert hat, ist in der That kein verächtlicher, zumal wenn er durch eine solche Fülle anderer Zeugnisse gestützt wird, wie es möglich ist, dafür beizubringen.

Dass die Schrift einen Deutschen zum Verfasser gehabt haben muss, geht aus der dreimaligen speciellen Betonung deutscher Missbräuche und der Vertrautheit, die sich mit den deutschen Verhältnissen kund giebt, hervor [1]. Ein Italiener würde auch nicht in solcher Weise über die Bereicherung seiner Landsleute durch den päpst-

---

[1] Im 12. Kapitel wird die Abschaffung der deutschen Weihbischöfe verlangt In dem sechzehnten beklagt der Verfasser, dass in Deutschland vielleicht seit hundert Jahren kein Provinzialconcil abgehalten sei. Daher sei die Verwüstung, die die Diöcesen durch Raub und Fehden erlitten, zu erklären. Ein schwerer Schaden sei dann, dass die Schlüssel Leuten ohne Verstand überliefert würden. Häufig kämen auf die Bischofsstühle Männer, die eher weltliche Ritter wären als geistliche Hirten, die sich um ihr Hirtenamt nicht kümmerten und nur Gewinn daraus zu schlagen suchten, den Metropolitanen aber, gestützt auf ihre unmittelbare Beförderung durch den römischen Stuhl, den Gehorsam versagten. Von den Provinzialconcilien, deren erstes innerhalb zwei Jahre, die andern aber immer alle drei Jahre zu versammeln seien, hofft er Besserung dieser Schäden. Dort würden gegen die Strassenräuber, die Brandstifter und Kirchenverwüster, gegen die Wucherer, Ketzer und Kirchenschänder, und auch für Herstellung der Ehrbarkeit unter dem Klerus viele heilsame Beschlüsse gefasst werden können. Im 17. Kapitel erwartet er von dem Concil den Beschluss, dass alle Inhaber eines Bischofstuhles oder einer Kanzel in Deutschland spätestens bis zum Ende des ersten Amtsjahres die Weihe erhalten sollten.

lichen Beneficienschwindel Klage erhoben haben [1]), so wenig wie ein Franzose über die Begünstigung der Pariser Universität durch Papst Johann XXIII. [2]) Unmittelbar auf Dietrich werden wir dann durch die Theorieen hingeführt, die in der Schrift von der kaiserlichen Gewalt entwickelt werden. Die Begeisterung des Verfassers für die Herrlichkeit des deutschen Kaiserthums, der Schmerz über seinen Verfall, der Wunsch, dem Reich seine italienischen Besitzungen wieder gewonnen, die Hoffnung, durch einen Bund zwischen Kaiser und Papst den alten Glanz beider Mächte wiederhergestellt zu sehen, machen — mit Recht hat Schwab das vollste Gewicht gerade hierauf gelegt — es unmöglich, den Ursprung der Schrift in den Kreisen der Pariser Universität zu suchen. Es sind die patriotischen Phantasieen eines Deutschen. Und auch dann noch müssen diese Erhebungen der Macht der alten Kaiser, des grossen Otto und Heinrichs des Fünften, die Auslassungen über die Nothwendigkeit eines starken, weltbeherrschenden, allmächtigen Kaiserthums in einer Schrift überraschen, die den Vätern des Concils Rathschläge zur Besserung der Kirche geben will. Ohne Zusammenhang sind sie in die Klagen über die Schäden der Kirche und in die Vorschläge zu ihrer Besserung hineingestreut. Man erkennt, dass sich in ihnen die liebsten Gedanken des Schriftstellers offenbaren, der sich gerne aus der Noth der Gegenwart in die glanzvolle Vergangenheit der Kirche und des Kaiserthums zurückflüchtet.

Aber gerade dies beweist, dass sie aus Dietrichs Geist geboren sind. Auch in dessen Schriften finden sich ebenso zwanglos dieselben Excurse eingeschoben. Wo er nur kann, sucht er diesen seinen Lieblingsideeen Ausdruck zu geben. In ihm lebten die An-

---

[1]) *Cap. 9. Item per easdem reservationes valde ditantur mercatores Italici, qui in diversis locis insignibus per mundum in talibus stipulantur, ut qualitercunque ditentur.*

[2]) *Cap. 26.*

schauungen wieder auf, die ein Jahrhundert vorher in dem Kampfe zwischen den damaligen Päpsten und Kaisern die Welt bewegten. Er ist, wie Dante und Marsiglio, Kaiserabsolutist: es irren, die da sagen, die beiden Schwerter hangen vom Papste ab; Gott vielmehr hat sie beide gestiftet und besonders geordnet; die beiden Leuchten, die er am Firmament gesetzt hat, kreuzen sich nicht in ihren Bahnen; der Kaiser ist der Herr der Körper, der Seelen Leiter ist der Papst. Doch wenn die Christenheit gespalten ist, wenn um Petri Thron Hader herrscht, ist es Pflicht des Kaisers, das Concil zu berufen und zu leiten, das ihn schlichte und die Einheit herstelle. So thaten auch die alten Kaiser, wie die Chroniken uns berichten. Denn die waren gewaltig und herrlich, wahre Mehrer des Reichs: Theodorich, der das Kaiserthum des Abendlandes verwaltete und vom Volke noch heute als Dietrich von Berne im deutschen Liede gepriesen wird[1]), Karl und Otto die Grossen, der heilige Kaiser Heinrich II. und Heinrich V., der das Schisma zwischen Wibert und Urban beseitigte. Damals war das Reich ungeschmälert, in grosser Kraft. Das Haus des Kaiserthums ruhte fest auf seinen vier Eckpfeilern, Aachen, Arles, Mailand und Rom, wie das ein biederer Mann aus Westphalen, Jordanus, in den Tagen Gregors X. beschrieben hat[2]). Die Feinde

---

[1]) *De Schismate Libri III* (ed. *Simon Schard*, zusammen mit dem zweiten, früheren Werke Dietrichs, *Nemus unionis*. Ich benutzte die 2. Ausgabe, Basel 1560), *III. B. 8. Cap.: Theodorico regi magnifico, qui tunc Occidentale imperium strenue gubernabat* (ebenso *Nem. un.* VI. 33, S. 360). Die Stelle über das deutsche Heldenlied *Schism. III. 8: Hunc etiam regem Theodoricum Alemani dilexisse videntur, quem adhuc Theodoricum de Berne Germaniae vulgus appellat necnon quasdam de ipso cantilenas in vulgari Theutonico ad ipsius regis laudem dictaverunt, quae adhuc plerumque per rusticos et mechanicos decantantur.*

[2]) Er wird erwähnt *Nem. un.* VI. 33 (363, 370). Auf ihn geht auch zurück *Schism.* II. 25. Sauerland (a. a. O. 62, A. 46) irrt selbst, indem er Dietrich eines Irrthums bezichtigt: *quidam Valens Alamannus* heisst: ein biederer, tüchtiger Deutscher. *Valens* ist zufällig gross geschrieben. Vergl. z. B. Martène, Thes. anecd. II. 1229. Auch *Gubern. conc.*, a. a. O. 146 in ähnlichem Sinne „*valentium doctorum.*“

des Reiches und der Religion fühlten den starken Arm ihrer Schützer, alle Länder der Welt waren Schauplätze ihrer Thaten. Dietrich versäumt keine Gelegenheit, wo er auf die frühere Macht des Reiches hinweisen kann. Nie vergisst er, bei Städten und Ländern, die früher dem Kaiser botmässig waren, dies zu erwähnen. Tivoli ist ihm eine kaiserliche Stadt [1]); die Riviera, über die jetzt die Fanzosen für ihre Schützlinge, die Genuesen, gebieten, gehört dem Reiche; Genua und Pisa sind des Reiches Kammern; Forcalquier, Piémont und die Provence, deren Herrschaft König Ladislaus in Anspruch nimmt, kann er nur vom Reiche zu Lehen tragen, wie auch Avignon, die Residenz der Päpste, ein Raub an Kaisers Gut ist, denn die Krone von Arelat oder Burgund gehört, seit Otto der Grosse sie von Boso erwarb, dem Kaiser. Freilich jetzt liegt das Reich danieder. Das ist die Schuld der Luxemburger, die mit Frankreich buhlten und das Reich und seine Rechte verschleuderten. Für eine Mahlzeit in Villeneuve hat Karl IV. die Dauphiné und die Krone von Burgund dahingegeben, für schnödes Geld hat Wenzel Mailand an den Visconti verkauft. Verona kam in die Hände der Krämer, Genua, Florenz, Venedig, die Tyrannen und der Papst rissen die Besitzungen des Reiches in Italien an sich, und seit fünfzig Jahren ist keine Burg dem Reiche gewonnen. So steht nur noch einer der vier Eckpfeiler und auch dieser ist schon geborsten und im Wanken. Dennoch giebt Dietrich keins der kaiserlichen Rechte auf. Die Beilegung des Schisma kann nur von dem römischen König oder Kaiser erhofft werden, aber auch die weltlichen Rechte und Besitzungen muss er wieder erlangen. Im Frühjahr 1416, nach der Convention von Narbonne und während Sigismunds Reise durch Frankreich, mochte er, da schon so viele Hoffnungen wahr geworden waren, auch an die Erfüllung seiner Lieblingsidee, die Wiedergewinnung Burgunds glauben. Er machte in dieser Zeit in seinem Constanzer Tage-

---

[1]) Wer heute Tivoli besucht, findet wieder über dem Thore der Villa d'Este ein kaiserliches Wappen, das des neuen deutschen Reiches. Ein deutscher Cardinal, Fürst Hohenlohe, hat es aufgerichtet.

buch [1]) den Vorschlag, den Grafen von Savoyen als Statthalter dieses Reiches mit der Befugniss der richterlichen Gewalt in Civil- und Criminalsachen einzusetzen [2]), und wer weiss, ob nicht Sigismund, der damals in der That an die Wiedergewinnung dieser Länder dachte und wenige Wochen vorher Graf Amadeus zum Herzog erhoben hatte, ähnliche Gedanken hegte?

Zum ersten Mal begegnen wir diesen politischen Anschauungen Dietrichs von Niem in drei Schriftstücken, die er im Frühling 1408 aufgesetzt und im *Nemus unionis* mitgetheilt hat, einem Brief an einen deutschen Prälaten [3]), dem bekannten Sendschreiben an König Ruprecht und einem an den »Ritter Johannes von Monte Gargano« adressirten Flugblatte. Es werden hier alle geschilderten Rechte für die Kaiser in Anspruch genommen, aber auch ihre Ausübung verlangt und die Faulheit ihrer Besitzer gescholten. Die kaiserliche Gewalt ist von Gott, aber nicht zum persönlichen Nutzen ihrer Träger, sondern zum Wohle des Staates. *Certus sum, quod nullus rex adeo est impotens in regno suo residens, qui si diligeret justitiam et publicum bonum subditorum in tantum sicut privatum ejus commodum . . . . quin tandem ad bonum pacis maleficos . . . . reducere possit*, so heisst es in dem ersten dieser Flugblätter (*Nem. un.* VI. 31, S. 349). Ähnlich sucht Dietrich König Ruprecht anzuspornen: man pflege seine Trägheit und Pflichtvergessenheit, aus der dem Reiche und der Christenheit der grösste Schaden erwachse, unter schön klingenden Namen zu verhüllen, nenne sie Sanftmuth und Milde; aber er wolle es sich blos wohl sein lassen in der schönen Pfalz, »*quia*

---

[1]) Das als drittes Buch der *Vita Johannis XXIII.* angehängt (diese wiederum ist ein Anhang zur Geschichte des Schisma) und unvollendet geblieben ist.

[2]) *Vit. III. 33.*

[3]) Es scheint Johann (der Cardinal) von Lüttich zu sein. Ich möchte dies schliessen aus den Worten VI. 31 (S. 348): *rege nostro teque patre patrum ac ipsorum perfidorum metropolitanensium (?) hoc, ut fertur, videntibus et dissimulantibus.*

extra Heidelbergam non est vita«. Es sei wohl richtig, dass dem Kaiser als dem Augustus der Treueid zu leisten sei, gleichwie dem gegenwärtigen und körperlichen Gott, »*sed subaudi, quando magis publico quam privato bono princeps intendit*«. So wird schon in einem Schriftstück Dietrichs aus dem Juli 1407 das Wesen des Tyrannen gekennzeichnet durch das »*non quaerere bonum publicum subditorum, sed utilitatem propriam*«, und in einem Ermahnungsschreiben an Gregor XII. (geschr. Lucca den 27. Mai 1408) das des Weisen darin, »*quod magis diligit bonum commune quam proprium*«. Auf den »Philosophen« wird hier dieser Satz zurückgeführt.

In dem Sendschreiben an den Ritter Johannes will Dietrich eine Schilderung dessen geben, was das Reich war und was es ist. Als die Zeit des höchsten Glanzes nach Innen und nach Aussen erscheint ihm die Herrschaft Ottos des Grossen, besonders in dem Verhältniss des Kaisers zu den Päpsten seiner Zeit. Es waren früher und später genug Päpste ein- und abgesetzt worden, aber so oft er das Bild der alten Kaisermacht zeichnen will, erzählt er die Entsetzung Johanns XII. und Benedicts V. Diese Erzählung findet sich in dem vorliegenden Schreiben, in der *Geschichte des Schisma* und in dem Werke *Ueber die Privilegien und Rechte der Kaiser* [1]). Und dieselbe Erzählung finden wir wenigstens zur Hälfte fast wörtlich wieder in dem 23. Kapitel der *Avisamenta*.

Es heisst hier so: *Legimus etiam, Iohannem papam XIII.* (wohl Schreib- oder Druckfehler) *propter ejus tyrannidem ac vitam inhonestum a papatu fuisse depositum in alma urbe autorizante primo Ottone Magno Augusto, principe providentissimo et vere catholico, abrogatis cardinalibus illius temporis. Convocatis adhoc clero et populo Romano et vicinis praelatis vocatus fuit*

---

[1]) *Privilegia aut jura imperii etc.*, ed. S. Schard in „*Syntagma de jurisdictione imperii*“, Basel 1566 (ich citire nach der Ausgabe Strassburg 1609.)

Octavianus (Leo) (?), nobilis genere, sed moribus ignobilis. Fugit autem (Iohannes) illo tempore ad Romanos in Campaniam in aliquibus silvis cum feris silvestribus latitando. Ubi postea intra tempora pauca omnium miserrimus ignominiose decessit.

Hiermit vergleiche man nun die drei Parallelerzählungen bei Dietrich:

Nem. un. VI. 33.	*Schism. III. 9 f.*	*Priv. 267.*
Ecce dum papa Iohannes XII. male viveret ac piscatoris cathedram sordidaret cardinalesque hoc aegre ferentes et ipsum bono modo et pio zelo monentes, ut a talibus resipisceret aliquando, nec ut bene ageret intelligere vellet, immo sacrilegas manus in quosdam ipsorum cardinalium irreverenter injiceret, etiam cum venatoribus et adulteris partem suam (in?) inverecundia ponendo, hoc justissimus imperator ipse Otto percipiens subito ad Italiam properat, inde ad Romam proficiscitur, ac convocatis episcopis ac	*Nam Ioannes papa duodecimus fuit unicus et indubitatus papa, qui ante papatum vocabatur Octavianus, de nobili et potente genere procreatus, qui postquam assumptus erat ad papatum, venationibus ferarum sylvestrium quandoque interfuit, necnon libidinose ac lubrice vivens cum suspectis mulieribus sortes posuit, ac etiam aliquos ex suis cardinalibus eum propterea arguentes male tractavit et mulctavit. Quod audiens Otto primus magnus Augustus de hoc ex corde doluit: ex Germania propterea Romam veniens, eidem papae,*	*... tetrum scandalum accidit in Romana ecclesia, cui tunc praesidebat Iohannes papa XII. Is etenim, licet esset nobilis genere, fuit tamen ignobilis moribus et suis perversis operibus cathedram piscatoris turpiter defoedavit. Erat enim levis et fornicator impudicus et venator nec ponderabat tanti officii gravitatem: de quo sui cardinales et multi alii ecclesiastici praelati et viri catholici audientes illud totis praecordiis doluerunt. Ita quod tandem duo eorum scripserunt ipsi Augusto:* er möchte kommen und helfen. Johannes schneidet

clero synodum jubet celebrari, in qua ipse summus sacerdos tamquam indignus tali honore deponitur et eidem alter vir sanctus etiam Leo nuncupatus surrogatur, Johannes ab urbe fugatur et abdita quaerit et cum feris (ex tunc Octavianus, prout ante papatum nuncupatus) usque ad ejus obitum, miser, tristis et ingloriosus conversatur.

cur illuc venerit, exposuit. Quod audiens papa valde timuit, promittens imperatori, quod ejus vitam subito emendare vellet. Imperator autem credens eum ita facturum ad Papiam e Roma secessit, ubi hiemando remansit, ut scrutaretur, si forsan praefati papae dictis facta responderent: sed quia difficile est consueta relinquere, papa ipse nec deum nec imperatorem habens prae oculis mala malis accumulavit. Quod sentiens Augustus irato animo ad urbem rediit, ut dijudicaret de ipso papa: qui hoc audiens utpote sibi ipse male conscius se inde fugae subsidio e vestigio absentavit ad Campaniam declinando. Sed impiger imperator concilium cleri Romani contra eundem papam in ipsa

dafür diesen Männern und seinem Kanzler Nasen und Ohren ab und lässt nicht von seinen Übelthaten. *Quod cum iterum sentiret imperator, ira commotus est: nec mora grandem exercitum congregavit, quem ad Italiam et deinde recto tramite duxit Romam. Quo cum pervenisset circa principium mensis Novembris,* ermahnte er den Papst heimlich, und nicht öffentlich, aus frommer Scheu vor dem Stellvertreter Christi, sich zu bessern. Johann verspricht es. Darauf geht der Kaiser nach Pavia, um dort zu überwintern und den Papst zu beobachten. *Sed quia durum est consueta relinquere, dictus dominus papa existimans, quod praefatus imperator deinceps Romam non rediret, mala malis ac-*

urbe convocavit, in quo | *cumulando antiquas*
dicto papa communi | *ejus turpitudines con-*
voto ejus concilii de- | *tinuavit audacter.*
posito vir laudabilis | Der Kaiser kommt
famae ac sanctae con- | auf diese Kunde nach
versationis alter Leo | Rom zurück. *Sed*
hujus nominis VIII. | *tunc eum papa non*
exstitit surrogatus. | *expectavit ibidem,*
Ipse autem Octavia- | *imo ad Campaniam*
nus, ne ad manus im- | *Roma fugiens va-*
peratoris deveniret, | *gando in silvis et locis*
abdita loca perquirens | *abditis, ne caperetur*
in ipsa Campania mi- | *a Caesaris imperio,*
sere diem clausit ex- | *diu latitavit in cisd. m.*
tremum.

Halten wir an der Ansicht fest, dass Dietrich der Verfasser der *Avisamenta* gewesen sei, so überraschen uns auf den ersten Blick die heftigen Vorwürfe, die in dem Tractat gegen die Beamten der Curie geschleudert werden. Gegen die simonistischen Sünden, die an der Curie im Schwange waren, richten sich die vornehmsten Angriffe. Es wird fast nur über die Krankheit des Hauptes der Kirche geklagt, von den Schäden der Glieder, die doch nicht minder gross waren, ist wenig die Rede. Neben der Kaisertheorie sind gerade diese Vorwürfe gegen die Curialen für die Abhandlung besonders characteristisch. Setzen daher die detailirten Schilderungen ihrer betrügerischen Künste auch einen genauen Kenner voraus, so mag man sie kaum von einem Manne erwarten, der selbst so lange Jahre ein angesehener Beamter der Curie war. Aber auch hier wieder begegnen wir nur einem Dietrich besonders vertrauten Ideeenkreise. In den uns bekannten Schriften desselben aus jenen Jahren klingen uns aller Orten eben diese Klagen über die Verderbtheit der päpstlichen Regierung und ihrer Diener entgegen. Auch in seinen Schriften treten neben der Hingabe an die Grösse des deutschen Kaiserthums die Klagen gegen die Krankheit des Hauptes der Kirche als besonders characteristisch hervor. In einem officiellen Gutachten, das er Anfang Juli 1407 auf Geheiss Gregors XII. abzugeben hatte — es schwebten die Verhandlungen über die Zusammenkunft in Savona und Dietrich befand sich mit der Curie noch in Rom — klagt er über diese Sünden seiner Collegen: nicht blos die weltlichen Diener der Kirche, die Condottieren und ihre Soldknechte — es wird besonders auf Paul Orsini gezielt — sind die Verderber der Kirche, ihre geistlichen tragen nicht minder Schuld. Simonie, Heuchelei, Geiz, Ehrsucht, tyrannische Willkür haben auch diese beherrscht; die *acceptio personarum*, das Ansehen der Person, war und ist das Grundübel der Hierarchie. In einem Briefe aus Lucca vom 8. Juni 1408 hält er sich auf über die vielen fetten Curialen, die früher so süsses Brod gegessen, nun aber in der Stunde der Gefahr von dannen gelaufen seien. Andere dieser dicken und faulen Bäuche (*multi alii incrassati, dilatati et impinguati*) jammern und sorgen, wie sie nur davon kommen können, ohne ihre Beneficien aufzugeben. Er fühle sich unter diesen Angstpinseln froh und muthig, da er keinen kirchlichen Titel besitze, und sage leichten Herzens mit dem Dichter:

Cantabit vacuus coram latrone viator [1]).

Ein nicht minder drastisches Bild entwirft er bei einer späteren Gelegenheit von der Habsucht der päpstlichen Kammer: die gleicht einem Meere, in das alle Ströme fliessen, ohne es zu füllen; so strömt dorthin Tag und Nacht alles Gold der Erde, und sie wird doch nicht voll. In ihr lebt eine Menschensorte, die Schwerter für Zähne tauscht (?), die vielen Blutsauger in ihr schreien fortwährend: bring' her, bring' her. Man nennt diese Beamten ›*gentes Camerae*‹. Ganz wohl. Denn *gentes* sind Barbaren, und diese Menschen gleichen den Türken und Tartaren: so plündern und ziehen sie aus alle Prälaten, die ein Beneficium erlangen wollen, auf alle mögliche Weise, ohne jedes Mitleid und Er-

---

[1]) *Nem. un. VI. 24.*

barmen [1]). *Schism.* II. 7—12 schildert Dietrich die Simonie, durch die Bonifaz IX. die Kirche so hart bedrängt habe. Alle die bösen Künste, die diese »*plantatio Bonifaciana*« [2]) in Schwang gebracht, werden mit demselben Detail und der gleichen Entrüstung gegeisselt. Aber nicht nur auf den Papst, sondern auch auf seine Helfershelfer, die Secretäre, Kämmerer, Curialen, werden die Vorwürfe gehäuft: »Da war alle Gottesfurcht und Menschenscheu so sehr verschwunden, dass die Curialen zum grössten Theil erklärten, jene schlimmen Listen seien erlaubt, da ja der Papst in diesen Dingen nicht sündigen könne . . . Dispensationen verkaufte der Papst jedem, der ihm Geld gab, dem Gelehrten und dem Ungelehrten, nur dass jener noch mehr zahlen musste als dieser, oft unter förmlichem Contract. Auch alle ledigen Beneficien an den Kirchen Roms verschacherte er, und konnte er kein Geld dafür bekommen, nahm er mit Naturalien vorlieb, Schweinen, Pferden, Getreide, Kühen, Schafen, Ochsen. Er verschmähte nichts. Und niemals machte sich damals an der Curie irgend jemand Grillen über diesen Gnadenschwindel, sondern alle Curialen, die Grossen und die Kleinen, waren in diesen Schlichen erfahren, ja wer recht verderbliche Clauseln und Kniffe erfand, erndtete das meiste Lob«.

Der Fall, dass wir die Verderbniss der Kirche aus dem Munde ihrer Diener geschildert hören, ist übrigens in dieser Zeit nicht selten. Nicolaus von Clémanges z. B., der in seiner Abhandlung »Von der Verwüstung der Kirche« uns ein so abschreckendes Bild von den Lastern entrollt, die sie an Haupt und Gliedern beherrschten, war ein Secretär Benedicts XIII.; freilich veröffentlichte er die Schrift wohl erst nach seinem Abgange von der Curie. Zudem scheint Dietrich von Niem in der Zeit, da er jene Anschuldigungen niederschrieb, den Geschäften ziemlich fern gestanden zu haben. Das *Nemus unionis* veröffentlichte er, als er sich von Gregor XII. ganz getrennt hatte und im Begriff stand, zu den Pisanern über-

---

[1]) *Nem. un. VI. 37.*
[2]) *Mod. 25*: Hardt I. 130.

zugehen [1]), und als er an der *Geschichte des Schisma* schrieb, war er erzürnt über die Zurücksetzung, die damals die erprobten Abbreviatoren durch Papst Alexander erfuhren, der seine Ordensbrüder und Creaturen bevorzugt und durch deren Unerfahrenheit und Trägheit viele Wirrsale hervorgerufen habe (*Schism.* III. 51). In besonders pikanter Weise werden die bösen Schliche der Curialen in dem 8. und 9. Kapitel der *Avisamenta* gegeisselt. »Jetzt kommen — heisst es hier — an der Curie Käufer und Verkäufer zusammen, als ob sie irgend eine profane Sache kaufen oder verkaufen wollten. Wer also nichts hat oder, obschon er es hat, nicht in solcher Weise schachern mag, der kann hier, wo alle Gerechtigkeit, Liebe, Erbarmen ausgeschlossen sind, kein kirchliches Beneficium erlangen. Aber welch schlimmes Beispiel ist das für die Christenheit! Was soll man von den Gliedern erwarten, wenn solch Unheil am Haupte herrschen kann!« Und nun folgen Sätze, die sich in demselben Zusammenhang und in derselben Reihenfolge in einer Schrift Dietrichs wiederfinden, die ziemlich gleichzeitig mit den *Avisamenta* in die Welt getreten ist. Es sind dies die *Privilegia aut jura imperii*, die Dietrich im Sommer 1413 in Florenz begann, als hier die Curie Johanns XXIII. auf der Flucht vor König Ladislaus eine vorübergehende und angsterfüllte Zuflucht gefunden hatte. Wir verdanken diese Schrift zwei gefälschten Urkunden, die er hier fand [2]), abschrieb, weil

---

[1]) Im Sommer 1408, in Lucca. Ist die unerklärliche Unterschrift des Werkes „*Hoc opus novum recollectum et completum est per me Theodoricum de Niem clericum Lucensis Dioeceseos*" vielleicht durch Verwandlung von *Lucensis* in *Leodiensis* zu verbessern? Wie intim Dietrich schon damals zu Lüttich stand, erhellt aus *Nem. un.* und *Schism.* mehrfach, so aus dem Vermittlungsversuch, den er zwischen Cardinal Johann, dem Haupt der Pisaner Cardinäle, und Gregor XII. im Mai 1408, vielleicht von dem Papst selbst veranlasst, unternahm (*Nem. un.* VI. *20—22*), dann aus dem Brief „an den deutschen Prälaten" (*Nem. un.* VI. *31*), und drittens aus einem Brief aus Lucca vom 23. Juni 1408, adressirt „*Charissimo socio et amico N. canonico Leodiensi*", unterschrieben „*tuus Theodoricus*". Vergl. auch *Schism.* I. 21.

[2]) Oder erfand?

sie seiner Kaisertheorie entsprachen, und mit Vorrede und sagenerfüllten Erzählungen von den grossen Kaisern der Vergangenheit und den Kreuzzügen versah. Die Scholien, die den Gang der Darstellung vielfach unterbrechen, sind wohl später eingefügt worden. Er schrieb längere Zeit daran; gegen Ende wird schon auf das Constanzer Concil hingewiesen, und kurz vor diesem scheint die Schrift herausgegeben zu sein[1]). In einem jener Scholien ergeht sich Dietrich des längeren in der Ausführung des Gedankens, die Gnaden müssten umsonst bewilligt werden. Und hier finden wir nun dieselben Sätze, wie in dem genannten Kapitel der *Avisamenta*. Man vergleiche:

<table>
<tr><td>

Priv. 270.

Quia in Evangelio legitur: gratis date, quod gratis accepistis. Et idem in jure canonico observari mandatur. Et ibi legitur ratio, scilicet quod gratia, nisi gratis data, non est gratia, sed quaedam mercantia. Et idem leges asserunt, ubi alia redditur ratio, scilicet: quis locus demum tutus erit, si venerabilia Dei templa pecuniis expugnentur?

</td><td>

Avis. 8.

Cum scriptum sit in Evangelio: gratis accepistis, gratis date. Si non detur gratis, gratia non censetur. In legibus autem dicitur inter multa de hac detestanda materia: quis demum locus tutus erit, si venerabilia (Hardt: venalia) Dei templa pecuniis expugnentur?

</td></tr>
</table>

Das Kapitel schliesst mit dem Bibelspruch »*Quia nihil prodest homini, si totum mundum lucretur, animae vero suae detrimentum patiatur*«, ein Vers, den wir zweimal bei Dietrich nach-

---

[1]) Der Hinweis auf das Constanzer Concil in dem Scholion S. 272: *Ex quo infertur quod, si in isto generali concilio Constantiensi negocia provide dirigantur, ex hoc multa ipsi Christianitati commoda poterunt exoriri, sicut orta fuerunt in Avernensi concilio memorato.* In dem nächstfolgenden heisst es: *schisma, in quo modo (proh dolor) sumus per 36 annos* (S. 273). Das führt auf das Jahr 1414. Vergl. Sauerland a. a. O. 78, wo die letzte Stelle übersehen ist.

weisen können, in einem Brief an Gregor XII. (geschr. Lucca, 27. Mai 1408 [1]), der dem *Nemus unionis* eingefügt ist, und in dem *Leben Johanns XXIII.*, wo ihn die Habsucht dieses Papstes zu seiner Anwendung bestimmt [2]).

In dem nächsten Kapitel wird die Betrachtung, dass wegen der habgierigen Reservationen der Clerus von Sicilien, Böhmen, Dänemark und Schweden 'auf die Erlangung von Beneficien seitens des Papstes verzichtet habe, durch den Vers erläutert:

> *Quae nimis apparent retia, vital avis,*

ein Sprichwort, das Dietrich besonders gern im Munde führt. Wir finden es in der poetischen Form in dem Gutachten aus dem Juli 1407 [3]), in der prosaischen in der Glosse zu einem Briefe des Königs Ladislaus aus Rom [4]) und in der *Geschichte des Schisma* [5]): *frustra rete jacitur ante oculos pennatorum.*

Dann kommen wieder Sätze, die sich auch in dem genannten Scholion zu den *Privilegia aut jura imperii* finden:

Avis. 9 (Hardt I. 286.)

Sed nihil quoad conscientias periculosius est, quam taliter ambire aut consequi ecclesiasticas dignitates. Quia illi, qui taliter cathedras acquirunt, vocantur fures et latrones. Et hujus redditur ratio in Evangelio: quia per ostium non intraverunt, sed aliunde.

Priv. 270.

Ex quibus infertur, quod omnes tales promotiones sunt symoniacae, et illi, qui per eas ascendunt, sunt in peccato mortali et in damnatione animarum suarum, et juxta Evangelium fures et latrones, qui per ostium non intrant, veritate dicente (dicuntur?).

Die *Avisamenta* fahren. fort: *Per ostium autem intrare est, scilicet ut per virtutes et libere et non per pecuniam et non*

---

[1]) *Nem. un. VI. 22.*
[2]) *Vit. I. 1* (Hardt II. 336).
[3]) *Nem. un. III. 8. 216,.*
[4]) *Nem. un VI. 8.*
[5]) *Schism. III. 33.*

ut praesit, sed ut prosit promovendus. Man liest dasselbe Wortspiel, nur umgekehrt angewandt, in Dietrichs Tagebuch, wo er über die Besetzung der Bischofsstühle mit Laien-
fürsten klagt. Diese Männer seien Bischöfe, »*non ut prosint, sed
praesint*«; sie nehmen diese Würde nämlich nur an, um eine
weltliche Herrschaft in ihren Stiftern zu gründen [1]).

Es folgen nun längere Auslassungen, die in ihrer drastischen
Form und in ihren pointirten Wendungen durchaus den Geist
Dietrichs athmen. Es möchte schwer sein, sich des Eindrucks zu
erwehren, dass hier derselbe Mann spricht, wenn man mit den
vorhin angeführten Stellen über die Habsucht der Curialen aus
dem *Nemus unionis* und der *Geschichte des Schisma* Abschnitte
vergleicht, wie die folgenden: *Nam sicut est gaudium angelis
Dei super uno peccatore poenitentiam ayente, sic est gaudium in
Romana curia de praelatis tunc cathedrae morientibus. Et cum
auditur mors illorum, tunc dicunt illi, qui ex hoc lucra se consequi sperant: serenata est conscientia nostra. Et si aliquis
sanctorum de coelo descenderet seque alicui cathedrae, videlicet
monasterio vacanti et praesertim in reditibus praefigi peteret, in
curia praedicta nequaquam ille super hoc audiretur, nisi pacis-
ceretur et solveret ante omnia pecunias*[2]).

An diese anschauliche Schilderung knüpft sich die Klage über
die unnütze Bereicherung der italienischen Kaufleute durch die
päpstliche Simonie. Im zehnten Kapitel erhalten wir einen Über-
blick über die Entwicklung der päpstlichen Missbräuche: unter

---

[1]) *Vit. III. 15.* Also dieselbe Klage, die wir vorhin aus dem 16. Kap.
der *Avisamenta* kennen lernten. — Uebrigens kehrt dies Wortspiel auch in
einer Rede Pierres d'Ailly wieder, die er am Pfingstfeste 1417 hielt. Der
König der Römer wird hier gelobt, weil er dem Concil beiwohne, *„non ut
praesit, sed prosit"*, nicht um die Beschlüsse der Synode zu beeinflussen,
sondern ihre Ausführung zu sichern — ein Lob, dessen Ironie damals jeder
Hörer wohl herausgefühlt hat. (Hardt I. 442.)

[2]) Dazu nehme man noch c. 24, besonders die Stelle: *Sancte Deus,
cur ita tam varie nunc procedunt ista negotia curiae memoratae, ita ut in
ea ista sancta pecunia dominetur?*

Bonifaz VIII. haben sie ihren Anfang genommen, »in der Zeit, da das römische Reich so tief danieder lag«. Es folgen nun Vorschläge, wie dem Übel zu steuern sei: darunter im zwölften die Abschaffung der deutschen Weihbischöfe, im dreizehnten der Vorschlag einer Liga zwischen Papst und Kaiser. Der Verfasser hofft, hierdurch könne der Papst dem Kaiser sehr zu Hülfe kommen, indem er nämlich die Staaten derjenigen mit dem Kirchenbann belege, welche die kaiserlichen Territorien und Rechte in Italien occupirt haben, auch indem er den Kaiser mit Waffengewalt und andern Begünstigungen unterstütze. Dadurch könne dann auch wieder der Kaiser die Kirche mit mehr Nachdruck und Erfolg vertheidigen. Das dreizehnte Kapitel lässt uns den erfahrenen päpstlichen Kanzleibeamten erkennen in den Worten: *juramentum, quod habetur aut haberi consuevit in aliquibus quaternis Cancellariae Apostolicae* [1]), während das vierzehnte wieder eine Lieblingsidee Dietrichs enthält: den Gedanken, den er sich als die Krönung seiner idealen Restaurationspläne dachte, eines Kreuzzuges des kirchlich geeinigten Europas unter der Führung des römischen Kaisers. Die *Privilegia aut jura* wollen besonders für diesen Gedanken wirken. In ihnen weist Dietrich mehrfach als auf ein für die Gegenwart vorbildliches Ereigniss auf die Versöhnung zwischen Urban II. und Wibert hin, die 1097 zu Clermont unter Kaiser Heinrich V. gestiftet und durch den ersten Kreuzzug besiegelt sei. An dasselbe Ereigniss lässt ihn in seinem Constanzer Tagebuch die Abschiedsrede Sigismunds zurückdenken, in der dieser am 13. Juli 1415 vor dem Nationenausschuss durchaus die Ideeen Dietrichs zum Ausdruck brachte. Und gerade dieser Erzählung begegnen wir nun auch wieder in jeneia Kapitel der *Avisamenta: Item expediret, prout factum fuit in Claromonte in Alvernia tempore Urbani Papae II., sub Henrico V. imperatore hujus nominis, tunc etiam schismate in ecclesia Romana satis magno et enormi vigente, quod indiceretur generale passagium*

---

[1]) Hierauf hat schon Moriz Ritter aufmerksam gemacht (Theologisches Literaturblatt 1876, S. 12, A. 2).

*pro liberatione terrestri (terrae sanctae?) e manibus Saracenorum,
et ad id per triennium recolligerentur decimae in tota Christianitate* [1]).

Nachdem dann in den beiden nächsten Kapiteln die weiteren
Vorschläge für die Besserung der deutschen Kirche gemacht und
in dem folgenden kleinen eine Reihe von allgemeinen Vorschlägen gebracht sind, wird in dem dreiundzwanzigsten, dem längsten der ganzen
Abhandlung, die ganze Kaisertheorie Dietrichs entwickelt. Wir kennen
aus ihm schon die Absetzung Johanns XII. durch Otto den Grossen.
In derselben Weise ist das ganze Kapitel aus den Gedanken und
Wendungen Dietrichs zusammengesetzt. So begegnet uns gleich
der erste Satz »*Et ut dixit Philosophus: Entia nolunt male dis-
poni, nec est bonum Principum pluralitas. Sit ergo unus princeps*« wieder in den *Privilegia aut jura*, S. 257 [2]). Der Ausführung dieses Gedankens dienen zwei historische Beispiele. Die
Gefährlichkeit der Tyrannei wird besonders darin gefunden, dass
die Verderbtheit des Hauptes sich so leicht den Gliedern mittheile,
und dies durch einen Vers erläutert, auf den ich in einem andern
Zusammenhange noch einmal zurückkommen werde: *Regis ad
exemplum totus componitur orbis.* Gegen solchen Tyrannen, »*qui
commune bonum multitudinis in sui ipsius bonum tantum retor-
quet*«, haben die Unterthanen das Recht der Selbstvertheidigung;

---

[1]) Dietrich berichtet darüber *Priv. 267* und *272*, *Vit. III. 19*. An
letzterer Stelle heisst es: *sicut factum extitit in civitate Claremontensi in
Alvernia jam trecentis annis aut circiter elapsis, in concilio generali per
Urbanum papam secundum celebrato, etiam tempore schismatis, quod tunc
vigebat in Romana ecclesia inter ipsum Urbanum et Widbertum, archi-
episcopum Ravennatem, prout superius tactum est.* In der *Geschichte
Johanns XXIII.* ist vorhin nirgends davon die Rede. Deshalb aber auf die
Zusammengehörigkeit von *Priv.* und *Vit.* zu schliessen, ist nicht nöthig. Es
war dieser Hinweis wohl ein Gedächtnissfehler Dietrichs, der *Priv.* nicht
lange vorher veröffentlicht hatte, und zu dessen Lieblingsgeschichten eben
dies Schisma und das Concil von Clermont gehörte.

[2]) *Juxta illud phil. Nil valet pluralitas principum, sit ergo unus
princeps.* Übrigens bei einer sehr gleichgültigen Gelegenheit, der Erzählung,
dass Sachsen nach dem Tode des Königs Widekind in mehrere Theile
zerfallen sei.

sie dürfen ihn absetzen, wie es die Geschichte des Tarquinius Superbus, des Domitian und des Archelaus von Judäa lehren. Der letzte wurde von dem Kaiser abgesetzt. Ein solcher müsste also auch jetzt die höchste Instanz auf Erden sein. Aber wenn dessen Macht leider augenblicklich so sehr geschwächt ist, so sollen doch die Unterthanen nicht von ihrem Widerstande ablassen und auf den Herren vertrauen, der die Throne der Stolzen gestürzt und die Sanftmüthigen auf sie gesetzt hat, der den Tyrannen Pharao ins Meer geworfen und den stolzen Nebuchodonosor den Thieren gleich gemacht hat.

Die letzte Betrachtung liebt Dietrich ganz besonders. In dem Briefe an den Ritter Johannes sagt er, dass Wenzel ebendeshalb, weil er nicht Mehrer des Reichs gewesen sei und nicht für das gemeine Beste gearbeitet habe, in schimpfliche Gefangenschaft gerathen und zuletzt den unvernünftigen Thieren gleich gemacht sei [1]. In der Einleitung zur *Vita Johannis XXIII.* führt er dieselbe Vergleichung an diesem Papste durch [2]. In der *Geschichte des Schisma* bringen ihn diese Betrachtungen wieder zu jenem Gleichniss [3], und mit aus dieser Lieblingsvorstellung erklärt sich auch wohl die viermalige Erzählung von dem Aufenthalt Johanns XII. bei den Thieren der Campagna. Eben an die Erwähnung des Nebuchodonosor schliesst sich hier diese Erzählung an.

Wie dann die hieran sich knüpfenden Auslassungen in der

---

[1] *Nem. un. VI. 33 (S. 368): Cum monarcha non principatur pro bono communi, tunc pro ejus expulsione laborandum est pluribus etiam vicibus .... Vnde merito comparatus est jumentis insipientibus et similis factus est illis atque a Deo percussus est in posterioribus suis, quia non habuit prolem, et datum est ei opprobrium sempiternum. Noviter autem contractus factus est, ita quod nequivit pedibus propriis sistere neque manus movere, sed ut lignum de loco ad locum cum vehiculo aut aliorum manibus bajularetur.*

[2] *Vit. I. 1* (Hardt II. 337).

[3] *Schism. III. 11.*

Reihenfolge der Gedanken, in den eigenthümlichen Wendungen und Citaten die Hand Dietrichs verrathen, wird wieder am besten eine Gegenüberstellung mit den Erörterungen lehren, welche in den *Privilegia aut jura* und in der *Geschichte des Schisma* derselben Erzählung folgen.

Avis 23. (Hardt 307) „*24.* (Hardt 306).

Priv. 267.

Schism. III. 11.

Ideo omnium Christianorum interest, ut Catholicus, civiliter et prudenter regens et multitudinis amator ac illius bonum quaerens, praesit cathedrae piscatoris, non publicanus, non exactor importunus, non avarus, sed de quo vere dici possit: hic est fratrum amator, qui continuo oret pro populo Dei et hac sancta civitate, scilicet tota Christianitate, ejus directioni commissa, non quaerens quem devoret, et quae sua sunt quaerat, sed quae Iesu Christi. Quod ejus requirit officium, quo cunctis praelatis Christianis

Quod recte factum fuit. Oportet enim papam esse prudentem, pacificum, scrutatorem, pium, justum et aequum et mundum. Nam quomodo indoctus doctos, immodestus modestos, immundus mundos efficere valebit? Qui si pacem oderit, quomodo pacificabit? Aut si quis habuerit manus sordidatus, quomodo sordes alterius inquinati tergere potest! Quia scriptum est: Si caecus caecum duxerit, ambobus fovea patebit. Et juxta dictum Catonis: Turpe est doctori, cum culpa redar-

Clarum est enim, quod omnium Christianorum maxime interest, quod papa, a quo omnes normam vivendi capiunt, esse debet mundus, non symoniacus, sanguinolentus, adulter, vel lubricus aleator, ebriosus, venator, seu venereus, vel aliter publicus baratrator. Quis enim sciens papam esse talem posset sine remorsu conscientiae aut adulationis vitio illius pedes vel manus osculari, aut illum patrem sanctum cordialiter nominare?

se praelatum fore divinitus in suis decretalibus, literis et epistolis asserit, praedicat et affirmat. Sicque in Dei nomine, scilicet juxta tantam praesidentiam virtuose studeat operari. Quia turpe est doctori, cum culpa redarguit ipsum. Cum in capite ita generaliter et publice infirmitas, error et excessus appareant, ut etiam per istos membra languescant, ratio non permittit, ut talia enormia mala in publicum detrimentum diu perseverent.

guit ipsum. Quia papale officium non est vi rapiendum, verum cum oratione, devotione et timore Dei suscipiendum. Non est mirum, si tunc mundus inquinatur totus et conturbatur, quando Romana ecclesia, in qua est principalitas correctionis universae Christianitatis, obtinetur schismate et turpitudine quomodolibet confunditur. Quia tunc confestim accidit, membra sibi subdita a capitis dolore etiam passibiliter debilitari. Et cum caput taliter est contritum, continuo membra laesa sunt. Quia Cum caput aegrotat, cetera membra dolent.

Der Hexameter »*Turpe est doctori, cum culpa redarguit ipsum*« ist Dietrich auch bei der Darstellung der simonistischen Sünden am Hofe Bonifaz' IX. in die Feder gekommen[1]), der

---

[1]) *Schism.* II. 32.

zweite Vers, der an dieser Stelle der *Avisamenta* in Prosa aufgelöst ist, wird in dem zweitletzten Kapitel citirt: *Quia lege cavetur, quod a capite edenda sit ratio. Et »dum caput aegrotat,
cetera membra dolent«.*

Die nächsten Kapitel, die sich wieder der Schilderung der
curialen Simonie zuwenden, verrathen, wie vorhin, die genauste
Bekanntschaft mit diesen Kniffen und eine intime Kenntniss der
römischen Kanzlei.

Durch die Fülle dieser Zeugnisse glaube ich die altherge-
brachte Behauptung, der Verfasser der *Avisamenta pulcherrima* sei
Dietrich von Niem gewesen, genugsam gestützt zu haben, um für
sie den höchsten Grad der Wahrscheinlichkeit, vielleicht schon
Gewissheit beanspruchen und daher einen letzten Beweis, der alle
bisherigen überflüssig macht, bis zum Schluss der ganzen Untersuchung aufsparen zu dürfen.

II.

Bevor ich an die Prüfung der Schwab-Hartwigschen Combinationen über die Urheberschaft von *De modis unionis* gehe, will ich versuchen, eine Analyse dieser Schrift in Bezug auf ihren Inhalt und ihre Composition zu geben. So sicher Schwab in seinen Endurtheilen über Urheberschaft und Zusammenhang der Abhandlungen *De modis uniendi* und *De difficultate reformationis* ist, hat er doch nicht versäumt, auf einige Bedenken hinzuweisen, freilich ohne sich sonderlich durch sie in seinen Annahmen beirren zu lassen. Er hat bemerkt, dass die erstere Schrift viele Wiederholungen enthält, dass einzelne Abschnitte ohne Zusammenhang sind, dass hier und da Spuren dialogischer Form hervortreten. Besonders die letzte Wahrnehmung ist von Bedeutung. Schwab weist auf eine Stelle des 2. Kapitels hin, die in der That völlig zu dialogischer Form herausgearbeitet ist. „*Sed jam frater*", so wird hier der Vortragende unterbrochen, „*cum sint verba tua mysterio plena, digneris declarare ipsa*". Worauf die Antwort: *Volo libenter facere, quod jubes, pater.* Der folgende Einwurf „*Patet: quia aliae* (sic) *sunt coetus multitudinis temporalis etc.*" muss wieder dem Fragesteller gehören, weil sich auf ihn zurückbezieht das gleich folgende „*Prosequar allectus tuis dulcibus verbis istius ecclesiae unionem*" [1]). Schwab folgert aus seinen Wahrnehmungen, diese Schrift sei aus einem Briefwechsel oder wenigstens nicht gleichzeitig verfassten Aufsätzen entstanden. Indem er dann aber die Annahme sich aneignet, dass die Schrift an den Verfasser von *De difficultate reformationis* gerichtet gewesen sei, der hier redend auftritt, dass sie dessen dort ausgesprochene Bedenken habe lösen wollen, übersieht er den Wider-

---

[1]) Hardt I. 69.

spruch, in dem jene wenn auch noch so geringen dialogischen Spuren zu einer solchen Annahme stehen.

Diese dialogischen Spuren sind jedoch nicht so selten. Gleich der Eingang zeigt die Form eines Zwiegespräches: *Dolenter quaerebamus te de omnibus alienis, flagitiosis et perversis, non in Christi fide, non in illa primitiva apostolica ecclesia inventis, immo nec apud illos sacros apostolicos et eorum cardinales et episcopos, ut credo, imaginatis, quae nunc moliuntur vineam Domini exterminare . . . . . et quae jam nostri hujus temporis rectores ecclesiastici amplectuntur ut virtuosa, scribunt ut juridica etc.* Die nächste Periode beginnt: *vestra igitur paternitas, quam ferventem ad domum Dei, ad sponsam Christi, ad ecclesiae catholicae unionem amorem a retroactis temporibus habere conspexi saepius, a me, vestro capellano et immerito fratre et amico, tacta dolore cordis intrinsecus, voce querulosa et dolente quaerebat: ecce sedet sola civitas, quae olim erat plena populo . . . . . nostris temporibus periculose divisa: jam non est, qui consoletur eam ex omnibus caris ejus . . . Iam, proh dolor, tyrannorum pedibus subjicitur, ad tributa redigitur . . . . et in plures seditiones scinditur.* So schwerfällig die Form, so eigenthümlich das Imperfectum der Frage, so merkwürdig ihre Wiederholung in anderer Wendung seitens des Gefragten ist, können wir doch nicht verkennen, dass hier Fragesteller und Antwortgeber wirklich auftreten. Die nächste Frage nimmt der *capellanus* dem Freunde vorweg: *sed jam dolenter quaeritur: num fidele remedium pro hac Christi unica sponsa . . . . inveniatur? Hoc exquisivi a juventute mea, hoc exposco, hoc desidero et, ut putas, non videbo. Ergo dolenter quaero, quid vestrae paternitati cordialius et ardentius respondeam imposterum, salva semper protestatione etc.* (die bekannte Verwahrungsformel).

Damit ist die Aufgabe gegeben: ein Heilmittel für das Verderben und Schisma der Kirche zu suchen. Nun folgen einige Suppositionen: es besteht nur eine Kirche, eines Ursprungs. Diese Kirche ist die erhabenste, heiligste, verehrungswürdigste unter

allen von Christus gegründeten Gemeinschaften. Es ist dies aber
nicht die apostolische, sondern die katholische: jene umschliesst
den Papst, der ihr Haupt ist, die Cardinäle und die ganze Hierarchie, diese ist die Gemeinschaft aller Gläubigen, es seien Griechen,
Lateiner, Barbaren, Männer oder Weiber, Hohe oder Niedere,
Reiche oder Arme; jene kann Schisma und Häresie haben, diese
nicht; jene ist die Art, diese die Gattung; jene das Organ, durch
das diese sich äussert. Nur für die Einigung der allgemeinen
Kirche soll man arbeiten: wenn der Papst nicht verdächtig ist,
so dieser, sonst alle andern, Geistliche und Laien, vom Fürsten
bis zum Bauer hinab. Der Widerspruch, für die Einigung einer
Gemeinschaft arbeiten zu sollen, die keine Trennung kenne, ist
nur ein scheinbarer: die apostolische Kirche ist das Organ der
allgemeinen; ist jene gespalten, so ist diese verhindert, wirksam
zu sein; streng genommen, müsste es also heissen: nicht für die
Erlangung, sondern für die Geltendmachung der Einheit der Kirche
müssen wir uns bemühen. Diese Suppositionen, die in keiner
der scholastischen Schriften jener Zeit zu fehlen pflegen, sind hier
in die dialogische Form gegossen. Vollkommen gewahrt ist sie
an den Stellen, die ich vorhin anführte; sonst nimmt der Capellan
die Einwände dem Freunde gleich vorweg.

Es folgt nun die Disposition des ersten Theiles der Abhandlung,
die drei Fragen:

Wie kann man der Kirche zu einem Haupte verhelfen?

Wie werden die Glieder wieder versöhnt werden?

Welcher Regeln, Gesetze und Umwandlung der Sitten
wird es bedürfen, um die erlangte Einheit zu be-
wahren [1]?

Auch diese Fragen legt der Belehrende dem Freunde selbst
in den Mund: *sed jam, ubi multis praemissis finis suppositionis
advenit, accensa* (Hardt *accenso*) *ardore nimio utilitatis publicae
ecclesiae vestra magnifica paternitas certificari affectat addens:*

---

[1] *Mod.* 4.

ecce dies veniunt generalis concilii . . . . Dolenter ergo quaero . . . . . Item de secundo quaero instanter . . . . . Sed jam tertio . . . . quaero instanter . . . . Haec igitur tria, quantum poteritis, Domino adjuvante, dignemini declarare et vestra in hac parte consilia dare. Mit den Worten „*Libet, pater, sub compendioso sermone postulatis satisfacere*" erklärt sich der Capellan bereit, diese Fragen zu beantworten.

Die erste wird erledigt in Kapitel 5 und 6, die zweite im siebenten, woran sich im achten und neunten ein Excurs über die Berufung und die Macht des Concils schliesst, die dritte im zehnten Kapitel. Das Wort führt ausschliesslich der Gefragte; nur gelegentlich legt er dem Freunde diesen oder jenen Einwurf unter, nimmt ihn jedoch stets selbst vorweg.

Mit dem zehnten Kapitel, glaubt man, könne die Abhandlung zu Ende sein. Es wird jedoch noch eine Reihe von Fragen aufgeworfen, die mit dem Vorhergehenden nur lose verknüpft sind, zum Theil auch schon eine Beantwortung gefunden haben. Der Fragesteller knüpft an die Behauptung des Capellans an [1]), ein Concil, das über den Papst selbst richten solle, müsse nicht von ihm, sondern den Cardinälen und Prälaten berufen werden. Damit, meint er, werde die Berufung factisch und rechtlich unmöglich gemacht. Denn da die Cardinäle die grösste Macht in der Kirche besässen, würden sie sich weigern, ein Concil zu berufen, das den ihnen wohlgesinnten Papst entfernen könne. Auch rechtlich würden sich Schwierigkeiten erheben, sobald zwischen den Cardinälen und Prälaten ein Zwiespalt entstände. Denn es wäre dann die Frage, ob die Cardinäle oder die Prälaten das Recht der Berufung behalten sollten. Ferner müsse die Berufung doch von einer Obedienz ausgehen. Nehme man nun an: von der stärksten, also von der ihrigen, so könne gefragt werden: zu welchem Ende soll diese Berufung stattfinden? Um einen unbezweifelten Papst zu erhalten? Den haben wir schon seit Pisa. Um Angelo und Peter

---

[1]) *Mod. 8* (Hardt 65).

abzusetzen? Die sind schon auf dem Pisaner Concil für Ketzer erklärt. Um die Gewissen zu beruhigen [1])? Die werden doch in Verwirrung bleiben, so lange jene Anhang behalten. Um ihre Obedienzen zurückzuführen? Das erscheint höchst zweifelhaft. Da also das Endziel so fraglich sei, müsse man auch die Mittel dazu aufgeben [2]), besonders da die Verderbniss der Geistlichkeit eine Reformation der Sitten niemals erwarten lasse. Vielleicht hoffe der Capellan, dass in ihrer Obedienz wenigstens der Verderbniss gesteuert werde? Auch das sei schwerlich zu erwarten: das Übel sei zu tief eingewurzelt; auch wenn Besserung unter Eid und Siegel versprochen sei, würden die alten Laster doch wieder hervorkommen. Es folgt endlich eine Reihe von Bedenken, die mit dem vorhergehenden kaum in Zusammenhang zu bringen sind. Sie knüpfen an den Satz: *item dato quod ad solum papam nunc pertineat convocare generale concilium* [3]). Die Verbindung mag diese sein: da die Berufung durch Cardinäle und Prälaten sich als unmöglich herausstellt, wird man wieder auf den Papst zurückgreifen müssen. Dann wird dieser aber wieder sagen können: was soll dies Concil? Den Glauben wieder herstellen? Der ist bei allen Obedienzen derselbe und rechte. Mich zur Abdankung zwingen? Das habe ich nicht nöthig, und ich werde nicht gegen meinen Vortheil handeln, zumal da ich ja überhaupt keinen Höhern über mir habe, der mich richten könnte. Solche Berufung ist nicht einmal nothwendig, denn entweder war das Concil von Pisa rechtmässig oder nicht. Wenn nicht, so waren alle seine Beschlüsse ungültig, Alexander kein Papst und seine Gegner nicht abgesetzt. War es aber ein wahres Concil und sind demnach jene als Häretiker verdammt und ihrer Würde beraubt, so braucht man über ihr Recht nicht mehr zu streiten, sondern nur

---

[1]) *Mod. 11* (Hardt 96). *Ad conscientias serenandum* (Verbesserung Schwabs für *servandum*).

[2]) *Mod. 12* (Hardt 95). *Cum ergo finis intentus hujus unionis sit satis dubius, sequitur, quod media sint dubia et incerta, ergo dimittenda.*

[3]) *Mod. 13* (Hardt 97).

3

zu fragen, wie man sie ihrer Macht völlig entäussern könne. Wenn das zukünftige Concil dazu im Stande ist, so möge es berufen werden. Doch das erscheint mehr als zweifelhaft. So wird die Berufung des Concils, schliesst die Reihe dieser Fragen, unnütz sein, wenn sie durch den Papst oder die Cardinäle und Bischöfe stattfindet [1]).

Diese Disposition des zweiten Theils unterscheidet sich von der des ersten dadurch, dass sie nicht mehr dem Fragesteller in den Mund gelegt, sondern von diesem in directer Rede aufgestellt wird. Zwischen den Schlussworten des zehnten Kapitels, die aus dem Munde des Belehrenden kommen, und dem Anfangssatze des elften, der dem Fragesteller gehört, ist keine Verbindung. *„Quo uno praesupposito, mi pater,"* beginnt dieser, *„quid tam profunde, quae Dei et sursum sunt quaeritis in facto ecclesiae unionis? Conclusive videmini inducere, hoc futurum concilium fieri non posse, primo de facto, secundo de via juris".* Dass dies Worte des Fragestellers sind, geht aus dem etwas weiterhin folgenden Satze hervor, der sich auf eine Behauptung des Capellans zurückbezieht: *Item via juris, sicut videmini arguere. Cum ergo vos dicitis, hoc concilium convocandum ad cardinales cum praelatis ceteris pertinere* [2]). Auch später wird auf eine Bemerkung des Capellans direct zurückgewiesen: *poteritne ipse papa dicere: ad quid est necessaria ista convocatio? Non ad hoc, ut fidei universalis fiat redintegratio, quae semper una fuit, sicut dixistis* [3]).

Hier ist also die Form der Wechselrede völlig gewahrt.

Die Erledigung dieser Fragen nimmt die nächsten sieben Kapitel (14—20) in Anspruch. Zunächst erklärt der Capellan,

---

[1]) *Mod. 11—13* (Hardt 93 ff.).
[2]) *Mod. 11* (Hardt 95). Vergl. *Mod. 8* (Hardt 85).
[3]) *Mod. 13* (Hardt 97). Vergl K. 7 (Hardt 85 ff.).

durch die Einwände des Freundes sei die Frage dahin zugespitzt [1]), dass eine Lösung aller Schwierigkeiten nur durch den Kaiser oder den römischen König herbeigeführt werden könne, der nach dem Beispiel seiner grossen Vorgänger das Concil berufen und über den Papst richten müsse (K. 14). Dennoch sucht er hiernach die Einwände einzeln zu widerlegen, indem er sie der Reihe nach vornimmt (K. 15—20). Mit dem einundzwanzigsten Kapitel beginnt der Capellan eine dritte Reihe von Fragen zu beantworten. Das Verfahren ist ganz so wie in dem vorhergehenden Theile; er beantwortet jede Frage für sich, indem er sie als vorher von dem Freunde aufgeworfen an die Spitze stellt. Sie mögen hier folgen:

Sed quia bonum universalis ecclesiae non cessatis profundius indagare, tale movetis quaesitum: cum te, pater, audirem dicere, quod futuri concilii generalis convocatio ad solum spectet imperatorem seu Romanum regem: sed cum ad praesens de facto vacet imperium et imperii electores diversis obediant, utpote quidam Iohanni, quidam vero Angelo Corario, non videtur esse verosimile, quod ad invicem possint ad electionem convenire. Et sic, si diu remaneat imperium absque rectore, consimiliter videtur, quod manebit ecclesia sine concilii convocatione. Quia diu durabunt haec schismata in Dei ecclesia. Hujusmodi quaesito respondere valeo per ea u. s. w. (K. 21).

Ad illud vero, ubi magis videmini casum arctare et dicere: esto, quod electores conveniant et eligant: a quo coronam recipiet novus electus? Si ab illo, cui obedit, ergo juramentum illi praestabit solitum. Qualiter ergo hic rex novus absque sui papae licentia et ipso nolente concilium convocabit? Aut qualiter, dato, quod convocet, papam coget ad cedendum, si opus fuerit, aut compellet potentia coactiva, vel qualitercunque circa hoc providebit? Hic respondetur dupliciter u. s. w. (K. 22).

<hr>

[1]) „Ut ibi quaestionem praehabitam vestra prudentia subtiliter movit" (K. 14: Hardt 98): Worte, die gleichfalls K. 11—13 dem Fragesteller zuweisen.

Consequenter autem ad alia, ubi videmini innuere, quod papa reservarit suae dispositioni omnes cathedrales ecclesias et dignitates abbatiales necnon omnes prioratus conventuales et majores post pontificales in cathedralibus necnon omnes principales dignitates in collegiatis ecclesiis, ubicunque vacantes et vacaturas, ne ordinarii possint quoque modo de eis disponere. Et ideo videbamini quaerere, utrum tales reservationes secundum Deum et conscientiam possint jure teneri aut defendi? Et an illas dignitates capientes possint eis licite uti? Cui quaestioni arduae respondeo u. s. w. (K. 23).

Subsequenter autem venio ad illas novellas constitutiones Alexandri et Iohannis praedictorum, quibus cavetur, quod promotus ad aliquam ecclesiam cathedralem vel aliquod monasterium etc. et quod impetrans beneficium reservatum a papa etc. Huic quaestioni, pater reverende u. s. w. (K. 24).

Sed ponatur, ut dicitis, quod papa cum suis cardinalibus omni die jugiter parturiat injustitiam, concipiat dolorem, scilicet peccati, pariat iniquitatem, non curet de mandatis generalis concilii, sed velit perseverare in malitia peccati et simoniae permaxime, quid erit faciendum? Certe, pater mi, quod dicitis, ultimo faciendum u. s. w. (K. 25).

Et quod quaeritis, cum omnibus modis hoc generale concilium fieri debeat, an de collegio eorundem vel extra illud sit assumendus, qui erit eligendus in papam? Et in casu, quod isti tres cedant, an expediat, quod eorum aliquis eligatur? Videtur mihi u. s. w. (K. 26).

Hiermit hat die dialogische Form und die Entwicklung und Beweisführung überhaupt ein Ende. In den Schlusskapiteln ergeht sich der Capellan noch des weiteren über den Hochmuth der Päpste, besonders gegen die Kaiser, seine schlimmen Folgen für den Kirchenstaat, Kaiserthum und Kirche, die Nothwendigkeit, ihn zu dämpfen und einen frommen und gelehrten Papst zu wählen (K. 27—29). Im 30. Kapitel endlich fasst er nochmal die Wünsche, deren Erfüllung er von dem Concil hofft, zusammen.

In dem dritten Theil der Abhandlung nun vermissen wir die Disposition, die den beiden ersten
voransteht. Vergebens suchen wir, wo denn der Fragesteller
die Bedenken im Zusammenhange aufgeworfen hat, die hier der
Reihe nach angeführt und gelöst werden. Es sind nicht Einwürfe,
die der Capellan dem Freunde blos in den Mund legt, sondern
er bezieht sich auf direct geäusserte Einwände desselben, so dass
er sich zweimal nicht mehr die Mühe giebt, sie bis zum Ende zu
wiederholen, sondern durch ein „etc." auf sie zurückweist [1]). Wir
wissen aber ohne eine solche Zusammenstellung der Fragen, wie
wir sie bei dem ersten und zweiten Theile kennen gelernt haben,
nicht, welchen Inhalt jene Bedenken gehabt haben; es fehlt uns
der Zusammenhang; hinter K. 20 ist eine Lücke, die durch eben-
solche Disposition, wie wir sie im 11. bis 13. Kapitel besitzen, ausgefüllt werden muss.

Betrachten wir jetzt die Abhandlung *De difficultate reformationis.*

Sie beginnt: *Bone pater, in praemissis mihi aliqualiter satis-
fecisti. Nunc autem, si non timerem, te nimis offendere atque
patris mei spiritualis, scilicet domini papae, verenda detegere,
quae tamen, proh dolor, ipse non curat (ut docet experientia)
cooperire, aliqua adhuc mihi occurrentia dubia vellem per tuam
industriam declarari. Videlicet, ubi dicis, quod per imperatorem
vel regem Romanum convocatio generalis concilii pro militantis
ecclesiae redintegratione et morum reformatione in eadem fieri
oporteat* [2]), und nun folgt fast wörtlich der Einwurf, den der
Capellan im einundzwanzigsten Kapitel anführt und widerlegt [3]).

---

[1]) Auch im zweiten Theile wird einmal einer der voranstehenden Einwürfe nur in seinem Anfange mitgetheilt, K. 19 (Hardt 113): *Ad hoc
consequenter, quod dicitis: si concilium Pisanum fuit sanctum et justum,
ergo quaecunque in eo agitata fuerunt, sancta etc.* Vgl. K. 13 (Hardt 97).

[2]) *Diff. 1* (Hardt 255).

[3]) Vergl. o. S. 36.

Das folgende Bedenken ist das über den Eidschwur des römischen Königs, den der Capellan im zweiundzwanzigsten Kapitel für ungültig erklärt. *Mod. 23* entspricht dem Anfange des zweiten Kapitels von *De difficultate reformationis*. Die Unvollständigkeit der *Mod. 24* erwähnten Einwürfe findet ihre Ergänzung in dem genannten und dem fünften Kapitel der andern Abhandlung, während die im fünfundzwanzigsten und sechsundzwanzigsten Kapitel von *De modis uniendi* behandelten Fragen *Diff. 3* und *4* aufgeworfen sind. Ebenso beziehen sich die Worte im Anfange der zweiten Abhandlung „*Videlicet, ubi dicis*" etc. auf *Mod. 14*, und das bald darauf folgende „*praedictus Otto Magnus Augustus*" wird erklärt durch die Erzählung von diesem Kaiser in demselben Kapitel der ersteren Schrift.

So erscheint der Schluss berechtigt: diese fünf Kapitel von *De difficultate reformationis* sind die vermisste Disposition des dritten Theiles von *De modis uniendi*.

Leider sind damit noch nicht alle Schwierigkeiten gehoben.

Die fünf ersten Kapitel der zweiten Abhandlung lassen sich von den drei letzten nicht willkürlich trennen. In diesen werden einige Fragen sehr besonderer Art aufgeworfen: im sechsten, ob nicht in dem Falle, dass ein Kaiser von der Obedienz Johanns die andern Obedienzen zwingen wollte, seinem Papst zu gehorchen, diese antworten würden: sie könnten und würden nicht folgen wegen der maasslosen Reservationen und schlechten Constitutionen dieses Papstes; im siebenten, ob die beiden häretischen Päpste, Angelo und Peter, zu dem bevorstehenden Concil zu berufen seien, ob nicht im Bejahungsfalle das Ansehen des Pisaner Concils geschmälert werde, während doch im andern das Schisma bestehen bliebe, ob, falls sie citirt werden sollten, eine allgemeine Berufungsformel genüge oder ein besonderer Grund angegeben werden müsse; im achten, ob Rom oder Bologna oder ein anderer Ort, über den Johann weltliche Hoheitsrechte habe, zur Concilsstadt gewählt werden könne oder ob es, da dies wohl nicht

angehe, genüge, wenn Johann einen Ort seines Herrschafts-
gebietes für die Zeit des Concils einem zuverlässigen Manne zu
Lehen gebe. Nun hängen diese beiden Theile mit einander zusammen. Verbindungen wie „*dicti domini Johannis*", „*Angelus
et Petrus praedicti*", „*in eodem concilio Pisano*" weisen auf die
vorhergehenden Kapitel zurück; wir dürfen nicht zweifeln: so
zusammenhangslos die letzten Fragen unter sich und mit den
vorhergehenden sind, hat sie doch derselbe Verfasser h i n t e r
e i n a n d e r niedergeschrieben. Wiederum dürfen wir nicht sämmt-
liche acht Kapitel hinter *Mod. 20* einschieben: die Ordnung dieser
Schrift würde dadurch Störung leiden, die Fragen der drei letzten
Kapitel keine Antwort finden, während sonst alle aufgeworfenen
Bedenken in dieser Abhandlung erledigt werden. Zudem sind
einige dieser Fragen von dem Kapellan schon früher beantwortet:
dem letzten Kapitel von *De difficultate reformationis* sehr ähnliche
Erörterungen finden wir bereits *Mod. 8*. Nicht einmal die Einschiebung von *Diff. 1—5* kann bedingungslos zugegeben werden:
Kapitel 5 gehört hinter Kapitel 2, denn hier wie dort handelt es
sich um die „*novellae constitutiones*" Johanns, die vom Kapellan
im vierundzwanzigsten Kapitel erörtert werden; und obschon die
Fragen des ersten und zweiten Kapitels von *De difficultate reformationis* in *De modis uniendi* in derselben Folge beantwortet
werden, setzt doch ihre Zusammenhangslosigkeit nach Form und
Inhalt in Erstaunen.

Auf das lockere Gefüge der Schrift *De modis uniendi* ist
schon aufmerksam gemacht worden. Es musste uns in Ver-
wunderung setzen, dass der Fragesteller wieder auf die Berufung
des Concils durch den Papst zurückkommt und eine Reihe von
Fragen daran knüpft, nachdem der Kapellan die Unfähigkeit auch
des rechtmässigsten Papstes dazu in dem vorliegenden Falle eines
Schisma behauptet und mit den fundamentalen Sätzen von seiner
Unterordnung unter das Concil und seiner Pflicht, sich dem gemeinen Besten zu opfern, begründet hat. Wenn der erstere den
Papst wiederum behaupten lässt, er habe Niemand über sich, der
ihn richten könne, so scheint er jene Ausführungen überhört zu

haben. Im zweiten Theile sucht er seine Einwände aus der Behauptung des Kapellans, die Cardinäle und Bischöfe hätten das Recht der Berufung des Concils, herzuleiten. Aber dieser hat schon an jener Stelle, wie auch noch früher neben den geistlichen die weltlichen Fürsten genannt, ja im letzten Falle selbst den niedrigsten Bauer für berechtigt und verpflichtet hierzu erklärt [1]). Noch ungeschickter als der zweite an den ersten ist der dritte Abschnitt an den zweiten geknüpft. Im zwanzigsten Kapitel erklärt der Kapellan, in der gegenwärtigen Zeit habe der Kaiser die Pflicht, das Concil zu Stande zu bringen; fehle der aber, so gehe sie auf die übrigen Fürsten der Christenheit über, -- und die erste Frage, die der Freund hierauf thut, ist: was in dem gegenwärtigen Falle zu thun sei, wo die Kurfürsten verschiedenen Obedienzen angehören und daher das Reich wohl lange ohne Lenker bleiben werde. Die Antwort lautet nicht anders als im vorhergehenden Kapitel. So erscheint die Schrift aus drei Theilen recht dürftig zusammengestückt. Die grossen Principien sind in dem ersten ausgesprochen. Er ist der selbständigste, bestgegliederte; die drei Fragen der Disposition werden erledigt und durch die Sätze vom Wesen und Zweck des Staates und seines Monarchen begründet; die Zusammenfassung der Wünsche am Schluss des zehnten Kapitels hebt diese Selbständigkeit noch deutlicher hervor. Ein solcher markirter Abschluss fehlt auch dem zweiten Theile nicht, während der Schluss des Ganzen durchaus nicht den Inhalt der ganzen Schrift summirt, sondern nur wieder einige Wünsche bringt; hier fehlt sogar der Satz, in dem das kirchlich-politische Verfassungsrecht des Schreibers gipfelt, von der Berufung und Leitung des Concils durch den Kaiser; es werden nur wieder allgemein die weltlichen und geistlichen Fürsten als die verpflichteten Berufer des Concils bezeichnet. Dass die Abhandlung trotzdem eine einheitliche sein soll, geht aus den vielen Stellen im zweiten und dritten Theil hervor, in denen auf frühere Be-

[1]) *Mod.* 3 (Hardt 72.), 8 (Hardt 85. 87).

hauptungen zurückgewiesen wird [1]). Aber wie wenig dieser Character gewahrt geblieben, haben wir aus der Form gesehen, die ein Dialog weder ist noch nicht ist. Kurz, wohin unser Blick bei diesen beiden Schriften fällt, sehen wir Räthsel. Wo ist ihre Lösung?

Ich glaube, wir werden sie nicht finden, bevor wir uns des Gedankens entschlagen, hier zwei selbständige, abgeschlossene Aufsätze vor uns zu haben. Diese Schriftstücke, die weder mit noch ohne einander bestehen können, sind unfertig. Die Composition von *De modis uniendi* verlangt die Einschiebung von *Diff.* 1—5, aber diese lassen sich nicht von den drei nächsten Kapiteln trennen, die wieder dort den Zusammenhang stören würden: also sollten die unter dem Namen *De difficultate reformationis* überlieferten Stücke in die erste Schrift hineingearbeitet werden, wie dies bei der Disposition des zweiten Theiles in dem elften bis dreizehnten Kapitel geschehen ist.

Für diese Ansicht hat Hardts Sammelfleiss noch andere Stützen gebracht. Im Anschluss an die *Avisamenta pulcherrima* hat er mehrere von einander ganz unabhängige Stücke abgedruckt, die in dem Manuscript jener Schrift angefügt waren [2]). Das erste ist das Bruchstück eines Dialogs. „*Nunc peto, amantissime pater*", so beginnt es, „*aliud dubium mihi velit vestra dilectio reserare*": ob die Cardinäle, denen die Wahl des Papstes doch rechtmässig zukomme, der Art, dass dieser zwei Drittel ihrer Stimmen auf sich vereinigen müsse, einen Verbrecher wählen dürfen, vielleicht unter dem Vorgeben, er sei ein guter Krieger und geübt in den weltlichen Geschäften. Der Antwortende erklärt sich für unfähig, das zu entscheiden: *Certe, frater carissime, quod haec res nimis sit ardua et vehementer excedat vires exiguas meas.* Man müsse

---

[1]) Z. B. K. 16 (Hardt 114), 20 (Hardt 118), 21 (Hardt 119), 22 (Hardt 121), 23 (Hardt 123), 24 (Hardt 128), 29 (Hardt 139).
[2]) Hardt 308 ff. (die folgenden Seitenzahlen sind verdruckt. Es folgt auf 309 286 und 287, dann 388, 389 und so fort).

die Bestimmung des allgemeinen Concils, das demnächst zusammen-
treten werde, abwarten. Seiner Ansicht nach sei aber eine solche
Wahl nicht canonisch und brauche daher von den Christen nicht
anerkannt zu werden, denn der Papst solle kein Krieger oder
Steuererheber sein, sondern in Heiligkeit und Glauben sein Reich
regieren; sonst könne man jeden Condottiere auf Petri Thron
setzen. „*Et haec sit tibi responsio mea, super qua me nolo
amplius dilatare*", schliesst er seine Erwiederung. Der Andere
fühlt sich befriedigt: *Bene dixisti, amantissime domine mi, et
bene contentor de tuo responso mihi gratissimo, proinde tibi
gratiarum actiones refero, corde et animo.*

Niemand wird verkennen, dass dies Stück mit den bisher
behandelten Schriften verwandt ist. Selbst **Hardt** ist dies nicht
entgangen, und desshalb hat er es kurzweg Pierre d'Ailly zuge-
schrieben und für einen Theil der zweiten Abhandlung erklärt.
Das geht nun freilich nicht. Der Zusammenhang beider Schriftstücke würde es nicht erlauben, dies Fragment noch einzuschieben.
Auch wird, was hier als recht anerkannt wird, die Wahl des
Papstes durch die Cardinäle, dort gerade bestritten. Dennoch
verräth Form, Inhalt und Behandlung denselben Geist; die Frage,
um die sich das Gespräch dreht, wird *Mod. 29* behandelt; ganze
Sätze finden sich hier fast wortgetreu wieder. Man vergleiche
mit unserm Bruchstücke z. B. Sätze wie diese: „*Non enim Christus
elegit potentem in armis, ut esset papa in ecclesia ad hoc, ut
defenderet temporalia. Quia Christus non intendebat facere ecclesiam temporalem, sed perpetuam et spiritualem. Non fecit
papam bonum reparatorem, agricolam aut bonorum temporaliurt
defensorem*" und „*nam si defendere armis ecclesiam sanctam,
quam ipse fundavit, voluisset, nequaquam Petrum piscatorem in
principem Apostolorum elegisset, sed fortiorem militem aut solda-
tum, quem reperire potuisset, principem Ecclesiae constituisset*".
So haben wir hier ein Bruchstück, nicht von *De modis uniendi*,
auch nicht von *De difficultate reformationis*, aber von einer
Schrift oder Schriftstücken, die der Form wie dem Inhalte nach
mit jenen eng verwandt sind und von derselben Hand herzurühren

scheinen. Der Anfangssatz „*Nunc peto, amantissime pater, ut aliud dubium mihi velit vestra dilectio reserare*" eröffnet uns den Blick rückwärts auf eine Anzahl solcher Gespräche, in denen ähnliche Fragen in derselben Weise behandelt worden sind. Fast möchte man auf die Vermuthung kommen, dass wir hier den Rest einer Reihe von Flugblättern haben, die in der hier beobachteten dialogischen Form die damals die Welt bewegenden Gedanken zum Ausdrucke brachten [1]).

Wie man sich nun auch zu dieser letzten Vermuthung, die nichts anderes sein will, stellen mag, so wird man doch folgende Ergebnisse meiner Untersuchung für gerechtfertigt halten.

---

[1]) **Schwab**, der übrigens das dialogische Bruchstück ganz übersehen hat, steht dieser Ansicht nahe, indem er *De modis uniendi* aus einem Briefwechsel oder wenigstens nicht gleichzeitig verfassten Aufsätzen entstanden sein lässt (S. 470). Er weist zur Unterstützung seiner Ansicht auf eine merkwürdige Stelle hin. „*Et aliquando fui illius opinionis*", heisst es *Mod. 17* (Hardt 107), „*quod sacrum concilium generale, quod repraesentat ecclesiam universalem, non possit alicui personae privatae, quacunque praefulgeat dignitate, etiam ipsi Papae, auctoritatem et potestatem concedere dispensandi et immutandi aut alias interpretandi sacri concilii statuta*, und etwas weiter unten (Hardt 108): *Concludo ergo, me aliquando hujus opinionis extitisse, quod . . . . . potestas et auctoritas ipsius universalis ecclesiae sive generalis concilii ipsam ecclesiam repraesentantis nec papae nec alicui personae privatae, ut praedixi, possit nec debeat communicari.* Diese Ansicht, sagt Schwab, findet sich K. 9 (Hardt 88), also müsse zwischen der Abfassung beider Kapitel ein längerer Zeitraum sein, weil bei gleichzeitiger Abfassung ein „*alias dixi*" oder dergleichen stehen würde. Nun findet sich aber in dem 9. Kapitel ein Zusatz, der gerade die Beschränkung hinzubringt, die der Verfasser im siebzehnten hinweg wünscht. Es heisst Hardt 88: *Nec potest nec potuit aliquando papa dispensare contra canones sanctos* (*sancitos?*) *in conciliis generalibus, nisi concilium specialiter hoc illi commixerit ex magna causa*: während im siebzehnten die Kirche ausdrücklich gewarnt wird, niemals dem Papste unter irgend einem Vorwande die Macht zu übertragen, gegen die Statuten des Concils zu dispensiren (Hardt 107). Das „*aliquando*" kann also gewiss nicht auf die Stelle des 9. Kapitels sich zurückbeziehen Es mag hier in dem Sinne von „früher" gebraucht sein. Ob der Verfasser damit auf eine frühere Schrift zurückweisen oder nur ausdrücken will, dass er früher derselben Ansicht gewesen sei, vermag ich nicht zu entscheiden.

Einmal ist fortan die Meinung haltlos, die erste Schrift sei
nach der zweiten entstanden, sie sei die Antwort auf die hier ge-
äusserten Bedenken. Umgekehrt: die sogenannte Abhandlung
De difficultate reformationis setzt *De modis uniendi* voraus; sie
gehört in diese hinein, bezieht sich auf die beiden ersten Abschnitte derselben zurück und wird nur im dritten (zum Theil)
beantwortet.

Damit wird aber die seit Hardt festgehaltene Ansicht un-
nöthig und willkürlich, dass diese Schriftstücke von verschiedenen
Verfassern herrührten. So wenig man die Kapitel 11 bis 13
von *De modis uniendi* einem andern zugeschoben, hat man es
bei dem Abschnitte nöthig, der hinter dem zwanzigsten Kapitel
vermisst wird und sich in *De difficultate reformationis* findet.
Man möchte an einen Briefwechsel denken, doch auch der könnte
fingirt sein. Aber dagegen spricht der Anfangs hervortretende,
freilich schlecht durchgeführte Versuch, die Abhandlung in die
dialogische Form zu bringen. So gut wir die beiden ersten Kapitel
und das in der Wiener Handschrift überlieferte Stück einem Verfasser zuschreiben, können wir es auch bei den Abtheilungen
thun, die den schnellen Wechsel der Rede aufgegeben haben und
Fragen und Antworten zusammenstellen.

Dürfen wir nun aber nicht mehr von zwei, so können wir
doch noch nicht von einer Abhandlung reden. Das zweite Stück
gehört in das erste hinein, aber drei Kapitel müssen ausfallen, um
den Zusammenhang zu wahren; die Wechselrede wird bald aufgenommen, bald wieder fallen gelassen; überall treffen sich
Lücken und Wiederholungen; kurz der Charakter der Unfertigkeit
kann diesen Schriftsätzen nicht abgesprochen werden.

III.

Wir sehen, wie sehr sich jetzt die Combination Schwabs verschiebt. Nach ihm antwortet Andreas von Randuph in dem Tractat *De modis uniendi* auf eine Reihe von Bedenken, die Dietrich von Niem in *De difficultate reformationis* aufgeworfen hat. Dass der zweite Tractat diesen zum Verfasser haben müsse, scheint ihm unzweifelhaft. Auf der andern Seite entgeht ihm nicht, dass die erste Abhandlung in vielen Stücken auf Niemsche Anschauungen und Erörterungen zurückgeht; fast in jedem Kapitel des Tractats finde sich die auffallendste Verwandtschaft. Da werden wir freilich — selbst wenn wir von den eben gewonnenen Ergebnissen absehen — zu seltsamen Folgerungen geführt. Dietrich, der Verfasser von *De difficultate reformationis*, verlangt Auskunft über Dinge, die er vor nicht vielen Monaten im *Nemus unionis* und in den *Büchern über das Schisma* mit Leidenschaft gefordert. Er, der damals mit solchem Nachdruck die Zwischenkunft des deutschen Kaisers in den Wirren der Kirchenspaltung verlangt hatte, lässt sich jetzt hierüber als die einzig mögliche Lösung der kirchlichen Wirren aus seinen eigenen Schriften mit denselben Gründen und den wörtlich gleichen Beispielen aus der Vergangenheit belehren. Er fragt ängstlich an, wie der römische König das Richteramt über den Papst mit dem Eide vereinigen könne, den er ihm geschworen, und der Freund beweist ihm aus seinen eigenen Schriften und den dort aufgestellten Grundsätzen, dass die Eide keine Kraft besitzen, wo sie, wie hier, das Wohl des Staates in Gefahr bringen.

Aber wer von den beiden hat denn die Zusammenstellung dieser Schriftstücke versucht? Geht Hartwig auch zu weit, wenn er sagt, dass es wohl kaum einen Gedanken in dem Werke *De modis uniendi* gebe, der sich nicht in dem *Gubernaculum con-*

ciliorum wiederfinde [1]), so bemerken wir in diesem Tractat doch nicht nur die grundlegenden Gedanken, sondern auch eine Reihe wörtlicher Anklänge an *De modis uniendi*. Hat also bei dem Versuch, jene Wechselschrift auszuarbeiten, Andreas von Randuph Dietrichs oder dieser dessen Gedanken benutzt? Zur Lösung dieser Frage werden wir die Summe der Gedanken, die sich von jedem der beiden Autoren in diesen Schriftsätzen finden, aus ihnen ausscheiden und einander gegenüber stellen müssen.

Auf einige der auffallendsten Parallelen zwischen *De modis uniendi* und dem *Gubernaculum conciliorum* hat schon Hartwig aufmerksam gemacht: die Unterscheidung zwischen der allgemeinen und der apostolischen Kirche, die Citirung der *Epistolae sine nomine* des Petrarca unter dem ungebräuchlichen Titel *Liber sine nomine*, das Zurückgehen auf Cicero statt auf Aristoteles, die Wiederkehr des Wortes *Sacmanni*. Der Grund, den dann Hartwig für den wichtigsten hält, ist freilich der am wenigsten stichhaltige: *Gubernaculum fol. 246* lese man, der Verfasser habe anderswo die Frage erörtert, ob nur den Bischöfen auf dem Generalconcile Stimmrecht zustehe; da nun im 15. Kapitel von *De modis uniendi* sich eine Ausführung eben dieser Frage finde, so könne es nicht zweifelhaft sein, dass der Verfasser des *Gubernaculum* auch der Autor jener Abhandlung sei. Nun steht aber in dem 15. Kapitel von *De modis uniendi* gar nicht dasselbe wie an der betreffenden Stelle des *Gubernaculum*. Hier wird die Frage behandelt, wer auf dem Concil stimmen dürfe, dort, wer es zu berufen habe. Auf die letztere Frage antwortet Andreas erst im nächsten Theile. Für die Bischöfe sprechen sich beide Stellen aus, aber während der Verfasser von *De modis uniendi* mit seiner Person durchaus für sie in die Schranken tritt, wird von Andreas nur die erste von drei geltenden

---

[1]) A. a. O. 309.

Ansichten ausgesprochen. Er theilt weder diese noch die zweite, wonach der Papst und die Cardinäle allein das Recht haben, auf dem Concil Beschlüsse zu fassen, sondern spricht sich — es ist dies der einzige Fall, wo er aus seiner Zurückhaltung im Urtheil heraustritt, — für die dritte Ansicht aus, die das Stimmrecht nicht nur für die Bischöfe und Cardinäle, sondern auch für die Doctoren und Magister, kurz für alle kirchlichen Diener zulassen will, wie auf den Synoden von Pisa, Constanz und Basel bestimmt worden sei [1]). Andreas kann daher an jener Stelle mit seinem

_____

[1]) *Gub. 270: Et haec tertia opinio videtur esse securior et sanctior, ac magis sine suspicione pro ecclesia Dei in ipsis conciliis generalibus. 265: Videtur ergo, quod omnes Christicolae et praesertim personae ecclesiasticae possint esse vocales in generalibus conciliis et definire.* – Es mag hier der Ort sein, eine kurze Inhaltsübersicht von dieser Abhandlung zu geben. Sie zerfällt in neun Theile. Der erste behandelt das Recht des Generalconcils zur Reinigung und Umwandlung der Kirche. Indem von dem Satze ausgegangen wird, dass die Welt durch zwei Mächte regiert werde, die päpstliche und die königliche, erhebt sich die Frage, wer das Recht habe, diese zu richten und zu reformiren. Es giebt, sagt Andreas, darüber unter den Gelehrten drei Ansichten. Die einen leugnen, dass der Papst von irgend jemand gerichtet werden könne, ausser in dem Fall der hartnäckigen Ketzerei. Dann habe das Concil das Richteramt. Die Vertreter der zweiten Ansicht sagen, die Macht des Papstes und des Generalconcils sei gleich; keine Instanz könne daher die andere richten und jede die Beschlüsse der andern aufheben oder verändern. Die Vertheidiger der dritten Meinung behaupten dagegen, die Macht der allgemeinen Kirche sei grösser als die des Papstes; die Repräsentation der allgemeinen Kirche, das Generalconcil, sei also Richter über den Papst; es dürfe den Papst mit seiner Curie citiren, anklagen, verdammen, und niemals dürfe dieser die Concilsbeschlüsse interpretiren, verändern, aufheben oder von ihnen dispensiren, es sei denn dass das Concil selbst ihm dies gestattet habe. Der zweite Theil geht aus von der Begriffsbestimmung des Generalconcils und leitet so zum dritten über, der die Nothwendigkeit häufiger Concile behandelt und ihren unendlich segensreichen Einfluss hervorhebt. Dies wird im vierten und fünften Theil an dem Beispiele der vier Apostelconcile und der spätern Kirchenversammlungen in der Weise nachgewiesen, dass bei jedem einzelnen hervorgehoben wird, wie viel geringer damals der kirchliche Nothstand gewesen als er es jetzt sei. Den Inhalt des sechsten Theils haben wir kennen gelernt. Für das Thema des siebenten, die Berufung des Concils,

Hinweis weder das fünfzehnte noch irgend ein anderes Kapitel

macht Andreas eine ganze Anzahl von Ansichten geltend. Die erste, die früher allgemeinere Geltung hatte, will das Recht nur dem Papste zugestehen. Andere wollen dies ihm in der Regel zuerkennen und nur dann absprechen, wenn über seine eigene Person gehandelt werden solle. Diejenigen, die im ersten Theil die dritte Partei bildeten, wollen das Recht der Berufung nur dem Concil selbst einräumen. Nun sind aber noch andere Fälle denkbar: es kann z. B. lange Zeit kein Concil gewesen sein. Dann können einmal die Cardinäle ein Concil berufen, so, wenn ein Schisma in der Kirche und die Wahl eines Papstes nöthig ist, zu der sie berechtigt und verpflichtet sind. Für den Fall aber, dass die Cardinäle getheilt sind oder nicht wollen, geht das Recht an den Kaiser zurück, den Repräsentanten des ganzen christlichen Volkes, bei dem es ursprünglich stand. Wenn diese alle nicht wollen oder können, dürfen es die hervorragenden Prälaten der Nationen oder Provinzen der Christenheit oder zwei Drittel derselben thun: sucht man sie daran zu verhindern, so brauchen sie nicht zu gehorchen; und schliesslich können auch wenige Prälaten oder Diener der Kirche die Christenheit zur Beschickung des Generalconcils aufrufen. Im achten Theil, der die Frage zu entscheiden sucht, wer zum Concil kommen müsse, treten nur zwei Parteien auf. Während die einen, dieselben, welche die erste Meinung des sechsten Theils vertraten, auch hier nur die Bischöfe für berechtigt und verpflichtet halten, wollen die andern dies auch auf die niedern Prälaten, ja selbst auf die weltlichen Fürsten „als die Vertheidiger der Kirche und des Glaubens" (VIII. 2: S. 289) ausdehnen. Daran knüpft sich eine Erörterung über die Strafen, die die Säumigen treffen: wenn der Papst und vor allem, wenn das Concil die Berufung hat, begehen sie das Verbrechen des Meineides, in den andern Fällen machen sie sich wenigstens einer Todsünde schuldig, denn sie geben den offenbaren Nutzen der Kirche preis. Der neunte Theil, wer das Concil auflösen könne, gliedert sich nach den drei Ansichten des ersten und wird ganz analog behandelt. Der Verfasser unterwirft seine Schrift, der scholastischen Sitte gemäss, sowohl dem Urtheil der Kirche als er erklärt, hier nicht seine Ansicht zu äussern, sondern die Meinungen anderer zu registriren. Indessen ist es trotz dieser Zurückhaltung nicht schwer, seine wirkliche Meinung zu erkennen. Es ist stets diejenige, die an letzter Stelle angeführt ist, und nur im sechsten Theile treten die verschiedenen Ansichten je nach den Umständen als gleich berechtigt hervor. Zugleich lernen wir in der bevorzugten Ansicht die herrschende jener Zeit kennen. Andreas hat in dieser hochinteressanten, eigentlich durch Hartwig erst wieder entdeckten Schrift in klarer Disposition und Beweisführung die Summe der Lehren gezogen, welche, durch die Flugschriftenliteratur vor dem Constanzer Concil theoretisch vorbereitet, in der grossen Concilienbewegung factische und rechtliche Geltung erlangt hatten.

von *De modis uniendi* im Auge gehabt haben, denn in dieser Schrift wird die Frage nach dem Stimmrecht überhaupt nicht behandelt. Aber es ist die Frage, ob er sich hier überhaupt auf eine andere Schrift beruft. Nachdem er vorher von dem Nicener und den sieben andern morgenländischen Concilien gesprochen, fährt er fort: *Etiam haec opinio, quod soli episcopi habent et habere debent voces in generalibus conciliis, per patres antiquos nostros tentis, tam in Oriente quam in Occidente, uti praedictum est, usque ad tempora concilii Pisani*[1]*), per Cardinales convocati dumtaxat, qui recedebant ab illis qui se gerebant pro Romanis pontificibus, scilicet domino Gregorio XII. et domino Benedicto XIII. sic in suis obedientiis nominatis, qui nolebant renunciare juri papatus, si quod habebant, propter faciendam unionem in Dei ecclesia, et scandalizabant populum Christianum propter eorum schisma. Sed de hoc scripsi alias.* Ist es hier nöthig, den Hinweis auf eine andere Schrift anzunehmen? Andreas hat kurz vorher ein ganzes Kapitel mit der Aufzählung von sechzehn Concilien gefüllt. Auf dieses weist er hier zurück durch das „*uti praedictum est*‟, und nichts anderes braucht das „*Sed de hoc scripsi alias*‟ zu bedeuten[2]).

Wird nun auch durch den Wegfall dieser Stelle der Rückschluss Hartwigs auf Grund der sonst von ihm namhaft gemachten Parallelstellen aufgelöst, denn diese Stellen finden sich alle auch in der Abhandlung Andreas', die uns in dem *Nemus unionis* aufbewahrt ist[3]), so wird er doch eben durch die andern, nur *De modis uniendi* eigenthümlichen und im *Gubernaculum* wiederkehrenden Gedanken und Wendungen aufrecht erhalten.

---

[1]) Hier fehlt das Verbum. Es mag etwa „*servabatur*‟ zu ergänzen sein.

[2]) Dass der Sprachgebrauch diesen Sinn von *alias* zulässt, zeigt z. B. *Mod. 8 (85)*. Allerdings wird im *Gubernaculum* an den Stellen, wo sonst noch auf früher gesagtes zurückgewiesen wird, „*dixi superius*‟, „*dictum est superius per me*‟ (272. 274) gesetzt.

[3]) Dass die Wiederkehr des Wortes „*sacmanni*‟ kein zwingender Grund ist, werden wir unten sehen.

Vor Allem finden wir den Grundgedanken von *De modis uniendi*, die Unterscheidung zwischen der katholischen und der apostolischen Kirche, in der wörtlich gleichen Ausprägung im *Gubernaculum* wieder [1]). Aus diesem Grundgedanken leiten sich dann dieselben Forderungen her wie in jener Schrift: auch wenn kein Papst in der Welt wäre, würde die Kirche doch das Recht haben, zu binden und zu lösen und den Gläubigen die Sacramente zu reichen [2]). An ihr ist kein Flecken und Fehler, kein Mal, von göttlichem Lichte ist sie durchstrahlt, die Heiligkeit eines Lagers bewacht sie mit keuscher Scham [3]). Der Papst ist nur das vornehmste Glied an dem Leibe der Kirche, nur ein Theil, der also nicht grösser sein kann als das Ganze [4]), er ist ihr Verwalter, ihr Schatzmeister [5]), dem Urtheil des allgemeinen Concils unterworfen [6]), denn dies vertritt die allgemeine Kirche [7]). Auch Petrus war dem Gesammtwillen der Apostel unterworfen, und deren Nachfolger sind die Bischöfe [8]), während die Cardinäle früher nur dazu da waren, zu taufen und zu begraben [9]). Die Concilien sind daher zu ehren, wie die heiligen Evangelien: der Papst kann von ihren Statuten so wenig dispensiren wie von diesen, es sei denn dass es ihm von dem Concil ausdrücklich erlaubt würde [10]). Es ist aber gar nicht nöthig, dass alle Bischöfe der ganzen Christenheit versammelt sind, um den Charakter des Concils herzustellen. Zwei

---

[1]) *Gub. IV. 8* (296 ff.). Gleich *Mod. 2.*

[2]) *Gub. I. 2* (150). Vergl. *IX. 4* (309). S. *Mod. 7* (85 f.).

[3]) Ein Spruch des heiligen Cyprianus, der in *De modis uniendi* an die Spitze gestellt ist. K. 2 (69).

[4]) *Gub. IX. 4* (305). Vergl. *Mod. 16. 17* (105. 108).

[5]) *Gub. V. 2* (208). Gleich *Mod. 17* (109).

[6]) *Gub. I. 2* (148 ff.), IX. 4 (310. 323). Dieselbe Begründung, die sich an diesen drei Stellen durch den Bibelspruch findet „*Si peccaverit in te frater tuus, corripe eum etc.*", lesen wir *Mod. 5* (78).

[7]) *Gub.* 144. 147. 231. 234 u. o. Gleich *Mod. 8* (85).

[8]) *Gub.* 161. 190. 249. 287. Gleich *Mod. 15* (103).

[9]) *Gub.* 243. Gleich *Mod. 15* (104): wörtlich.

[10]) *Gub.* 152. 163 f. Gleich *Mod. 9* (88). Vergl. o. S. 43, A. 1.

geistlich gesinnte Menschen können genügen, denn der geistliche
Mensch kann nicht gerichtet werden, weil dem Gerechten das
Gesetz nicht gestellt ist, sondern den Übertretern [1]. Der oberste
Grundsatz in der Regierung der Kirche muss stets der sein, das
gemeine Beste dem privaten Wohle vorzuziehen; es ist besser,
dass für die Rettung vieler einer verdammt werde als dass um
eines willen viele in Gefahr kommen [2]. Bei der Krankheit des
Hauptes muss man aber um so mehr besorgt sein als dessen
Krankheit sich so leicht den Gliedern mittheilt [3]. Nach dem
Wort des grossen Tullius ist zu handeln, welcher sagt, die bestia-
lische, unmenschliche Wildheit des Tyrannen müsse man aus-
rotten aus der menschlichen Gesellschaft [4]. Eine Reformation ist
jetzt um so nothwendiger, weil die Kirche so tief danieder liegt.
Denn obwohl diese jetzt äussere Einheit geniesst, lebt die Trennung
in den Parteien doch fort. Da nennen sich die einen Papalisten,
die andern Concilialisten; es kam das Schisma, von dem der
Apostel spricht: etliche Jünger Christi, die das Wort Gottes vom
Apollo gehört hatten, sprachen: ich bin des Apollo, andere, die
es von Petrus hatten, sprachen: ich bin des Petrus, andere, die es
von Paulus hatten, sprachen: ich bin des Paulus [5]. Alle, die der
Kirche theuer waren, haben sie verachtet und besudelt, öffentlich
und im geheimen [6]; die Verderbtheit hat alle Glieder ergriffen,
die Cardinäle, Patriarchen, Bischöfe und niederen Prälaten [7]; die
Geistlichen, welche Diener Christi und Ausspender des Geheimnisses
Gottes sein sollten [8], sind aus Ausspendern Verschwender, aus

---

[1] *Gub.* 234 f. Vergl. *Mod.* 21 (119). Den Satz „*quia justo non est
lex posita, sed propter transgressores est lex posita*" liest man *Mod.* 20
(115). Vergl. *Gub.* 267.
[2] *Gub.* 166. 167. Vergl. *Mod.* 5 u. 8.
[3] *Gub.* 278. Vergl. *Mod.* 5 (76).
[4] *Gub.* 149. 320. Wörtlich gleich *Mod.* 84.
[5] *Gub.* 218. Vergl. *Mod.* 4 (73).
[6] *Gub.* 176. Gleich *Mod.* 1 (68). Vergl. *Gub.* 176.
[7] *Gub.* 184. Vergl. *Mod.* 17. 24. 27.
[8] *Gub.* 196. 303. Gleich *Mod.* 17 (109).

4*

Hirten Scherer, aus Lämmern Wölfe, aus Prälaten Pilate geworden [1]); sie suchen das Ihre, nicht das Jesu Christi ist [2]); das
Wort „*gratis accipere, gratis dare*" ist verachtet [3]); es ist keiner,
der nach Christi Wort sein Leben für die Schafe lässt [4]); Wahrheit
uud Gerechtigkeit sind vergessen und zum Spott geworden, und
mit dem Wachsen des Geldwerthes ist auch der Hass gegen
Wahrheit und Gerechtigkeit gewachsen [5]). In schwungvollen Worten wendet sich Andreas an die Hirten und Diener der Kirche,
die nicht ohne Grund das geistliche Schwert tragen, und an die
Fürsten des christlichen Volkes, »die nicht ohne Grund das welt-

---

[1]) *Gub. 196.*

*Et quia nunc dispensa-
tores ecclesiae sunt mutati
in dissipatores et secundum
Bernhardum pastores in tonsores et agni in lupos et qui
deberent esse praelati, facti
sunt Pilati, diligentes munera, se-
quentes retributiones, principes in-
fideles, socii furum, promocentes et
exaltantes peccatores de patrimonio
Crucifixi etc.*

Mod. 24 (127).

*.... ubi est patrimonii Chri-
sti manifesta dissipatio et injuriosa
dispensatio, ubi pastores sunt
tonsores, ubi non sunt agni,
sed lupi, ubi non sunt dis-
pensatores mysteriorum Christi, sed dissipatores, ubi non
sunt sobrii, sed ebrii, ubi
non sunt Praelati, ponentes
animas suas pro ovibus suis, sed
Pilati satisfacientes aliorum cupi-
ditatibus et desideriis, et ubi non
mittunt retia sua in capturam animarum, sed pecuniarum.*

[2]) *Gub.* 195.
[3]) *Gub.* 208. Vergl. *Mod.* 128.
[4]) *Gub.* 200. Vergl. *Mod.* 1 (68).
[5]) *Gub.* 175. *Et facta est jam veritas et justitia quasi in oblivionem
et in derisionem. Et crescente annona pecuniae crevit jam odium veritatis
et justitiae.* Vergl. *Mod.* 12 (96): *dicente Francisco Petrarcha in libro
sine nomine: crescentibus flagitiis hominum crevit veri odium et regnum blan-
ditiis atque mendacio datum est.* *Gub.* 177 befindet sich das Citat aus
dem *Liber sine nomine,* auf das Hartwig aufmerksam gemacht hat. Es
kommt nicht in *De modis uniendi* vor, wohl aber in den *Colles reflexi*
(S. 271), woher auch das lange Sallust-Citat, das man an jener Stelle des
Gubernaculum liest, entlehnt ist.

liche Schwert tragen, sondern um das Unrecht, das Jesus Christus,
der Bräutigam der allgemeinen Kirche, erlitten hat, an den schlechten
Nationen zu rächen, Zuchtruthen zu sein den verderbten Völkern [1].

Dieser Reihe von Parallelstellen zwischen *De modis uniendi*
und dem *Gubernaculum conciliorum* steht nun aber eine nicht
geringere Fülle von Gedanken und Wendungen gegenüber, die
jene Abhandlung mit Schriften Dietrichs von Niem gemeinsam hat,
und zwar mit Schriften, die meist früher erschienen sind, so dass
man nicht, wie beim *Gubernaculum* immerhin möglich wäre,
sagen kann, sie gehen auf *De modis uniendi* zurück, sondern
vielmehr diese Abhandlung auf die Niemschen Schriften zurück-
führen muss.

Aus dem Gutachten Dietrichs vom Juli 1407 lernten wir bei
der Vergleichung mit den *Avisamenta* als ein für ihn ganz besonders characteristisches Citat den Vers kennen:

> Quae nimis apparent retia, vitat avis.

Wenn wir nun denselben in *De difficultate reformationis*
wiederfinden [2]), so ist das gewiss eine grosse Stütze für die Vermuthung Schwabs, der dies Schriftstück schon deshalb Dietrich
zusprach, weil darin dessen Abneigung gegen das Luxemburgische
Herrscherhaus wiederkehrte [3]).

---

[1]) *Gub. 187* (vergl. *Gub. 195*).

*Principes . . . qui secundum Apo-
stolum non sine causa gladium por-
tatis ad vindicandum injurias Dei
Iesu Christi, sponsi universalis ecclesiae, et ad faciendam* (l. faciendum)
*vindictam in pravis nationibus ac in-
crepationes in perversis populis.*

Mod. 20 (115).

*Reges ac principes . . . Qui non
sine causa Dei gladium portant, ad
faciendum vindictam in nationibus
et increpationes in populis, ad alli-
gandos reyes eorum in compedibus
et nobiles eorum in manicis ferreis
etc.*

[2]) *Diff.* 6 (266). Vergl. o. S. 21.

[3]) *Diff. 1. Sed rex Hungariae, si bene singula considerentur, de quo
multus est sermo, ejus salva reverentia, non est aptus ad imperium regen-
dum, multis aliis eum magis tangentibus occupatus. Nec est de illis, per
quos salus facta est in Israel, sed per quos dictum imperium totaliter in*

Dies Gutachten bietet uns noch andere Parallelen zu den Hardtschen Tractaten. Dietrich klagt dort über die Missethaten der Tyrannen, die im Dienste der römischen Kirche stehen, d. h. der italienischen Soldführer, die sich auf Kosten der Kirche bereichern, ihre Güter an sich reissen, die Unschuldigen und Gerechten plündern und selbst in geraubtem Gold und Silber prangen. Aber freilich, das ist der Lauf der Welt: *quod non suscipit Christus, tollit fiscus.* Betrachten wir *Mod. 27 (134)*, so wird hier der Verfasser durch dieselben Anklagen zu demselben Ausspruche veranlasst: *Quod non recipit Christus, suscipit fiscus.* Von der Ironie jener Worte kehrt Dietrich bald wieder zu seinen Klagen zurück, die ihm den Vers des achtundsechzigsten Psalms in die Erinnerung rufen: *quonium zelus domus tuae comedit me et opprobria opprobrantium tibi ceciderunt super me*, denselben Klageruf, den die Leiden der Kirche auch dem Fragesteller gleich im Anfange von *De modis uniendi* auspressen, während das zornige Wort, das in dem Gutachten Dietrichs bald darauf folgt, *„nam qui unum de minimis scandalizaverit, mola collo ejus ligata praecipitabitur in profundum"*, in der zweiten Schrift ebensowenig fehlt [1]). Dann folgen die Klagen über die geistlichen Diener, die wir kennen lernten. Es giebt Leute unter uns — lesen wir hier —, die Gott weder mit dem Herzen noch den Lippen anbeten, die nicht predigen, nicht Busse thun, *„de quibus Canon: canes muti, non valentes latrare"*. Ganz so der Verfasser von *De modis uniendi*: *Et ideo, quia jam praelati nostri temporis sunt canes muti, non valentes latrare* [2]).

---

suis juribus est dissipatum, quique tamdiu permiserunt ipsam apostolicam ecclesiam in schismate fluctuare, nullum interponentes remedium, quo reintegrata fuisset. Unde non speratur, quod ex ipsius regis electione, si fierit, ipsa ecclesia et imperium per hoc prosperari deberent.

[1]) *Mod.* 16 (106).
[2]) *Mod.* 24 (128).

In seiner *Geschichte des Schisma* kommt Dietrich von Niem
nur einmal auf diese Probleme zu sprechen, in demselben Zusammenhange, in den er auch die Erzählung von Otto dem Grossen
einflicht [1]). Hier finden wir aber Satz für Satz die Anschauungen
wieder, die den Hardtschen Schriftstücken eigenthümlich sind.
Dietrich wird durch die Hinterhaltigkeit Gregors in den Verhandlungen über die Zusammenkunft in Savona zu diesem Excurse
veranlasst. *Ideo*, so beginnt er, *rationabiliter fieri posset per
regem vel imperatorem Romanum et alios ecclesiasticos praelatos
necnon populum Christianum, prout civiliter intelligentibus est
notum, et praecipue interest imperatoris aut regis Romani, quod
catholicus, unicus et mundus papa sedeat in sede Petri, cum rex
aut imperator sit filius spiritualis ecclesiae ac rex regum et
dominus dominantium, cujus potestas a Deo est; et, ut dicit
Apostolus, qui ei resistit, Dei ordinationi resistit et sibi damnationem acquirit, quia in facinorosos advertit, non enim sine
causa gladium portat, Dei enim minister est.* Denselben Gedanken
finden wir in dem Briefe Dietrichs an den Cardinal Johann von
Lüttich, vom 24. Mai 1408: *quia clamat Apostolus: omnis anima
potestatibus superioribus subdita sit. Non est enim potestas
nisi a Deo: quae autem sunt, a Deo ordinatae sunt. Itaque qui
resistit potestati, Dei ordinationi resistit, qui autem resistunt
ipsi, sibi ipsis damnationem acquirunt, Ro. 13* [2]). Und nun vergleiche man Sätze wie diese: *Igitur omnes inobedientes Romano
imperatori et ejusdem imperio, quia ejus jura usurpant, in statu
damnationis existunt* [3]), und: *Quin imo per Deum ad subditos jus
regis institutum est. Pilati nempe potestas in Christum data
desursum esse perhibetur. Sic ergo, qui potestati resistit, Dei
ordinationi resistit. Quia Christus mandat: quae sunt Caesaris,
reddenda sunt Caesari, et quae Dei, Deo* [4]).

---

[1]) *Schism.* III. 7 — 11.
[2]) *Nem. un.* VI. 20.
[3]) *Mod.* 5 (77).
[4]) *Mod.* 14 (104).

Dass die kaiserliche Gewalt ebenso, wie die kirchliche, unmittelbar von Gott abhängt — heisst es bei Dietrich weiter —, lehren uns das canonische und römische Recht. *Ex quo infertur, quod fatue et adulatorie loquuntur illi, qui dicunt, quod papa seu ecclesia duos habet gladios, scilicet spiritualem et temporalem, cum in Evangelio Petro sit dictum: converte gladium tuum in vaginam, et ibidem addita ratione, videlicet: omnis enim, qui gladio ferit etc.*, *etenim si uterque gladius apud papam existeret, supervacue vel ficte imperator vel rex Romanorum illud nomen haberet.* Ausführlicher lesen wir *Mod. 14 (100): Verum aliqui non recte intelligentes Scripturas forte dicerent, quod utraque potestas, scilicet spiritualis et secularis, dependeat a papa, sic quod rex vel imperator ipse non haberet contra papam talia exercere, juxta illud Evangelicum: ecce duo gladii, et respondet Deus: satis est. Per hoc enim gloriatur de illis duobus gladiis, quod per hoc in Petrum et ejus successores potestas venerit a Christo. Sed errant talia dicentes. Quia utraque potestas immediate pendet a Christo. Ut etiam patet in plerisque papalibus canonibus, epistolis et decretis.* Das bezeugen auch die Heiligen der Kirche, so Chrysostomus und Matth. XXVI., *ubi Christus inquit Petro: converte gladium tuum in locum suum vel in vaginam.*

In dem Excurse klagt darauf Dietrich, dass jene Rechtsverdreher die ganze Christenheit in Verwirrung bringen, zum grössten Schaden des Staates. Es folgt die Behauptung, dass Heilung nur vom römischen Könige oder Kaiser zu erwarten sei, der die Prälaten zur Einigung der gespaltenen Kirche zusammenrufen könne. So sei es unter Theodorich dem Grossen gewesen, der das ganze Abendland von Griechenland bis Spanien beherrschte und die beiden Schwerter in seiner Hand hielt. Hieran schliesst sich die Erzählung von der Absetzung Johanns XII. und Benedicts V. durch Otto den Grossen, die wir zur Hälfte in den *Avisamenta* wiederfanden. Und dieselbe Erzählung begegnet uns, und zwar vollständig, in *De modis uniendi*. Es mag wiederum gestattet sein, der Darstellung in der letzteren Abhandlung die drei parallelen aus Dietrichs Schriften gegenüber zu stellen.

Mod. 14 (99 f.)

Sicut factum fuit auctoritate ejusdem Ottonis I. Augusti de Johanne papa XII., qui *fuit unicus in papatu, sed malignus et incorrigibilis et propterea in conventu praelatorum et cleri Romani, convocatorum per eundem Augustum, Romae fuit depositus, et ei Leo papa VIII. hujus nominis, vir utilis et vitae irreprehensibilis, surrogatus. Quo defuncto rursus idem Augustus, cum postea schisma ortum esset in eadem Romana ecclesia, ipse imperialiter de Germania processit ad Italiam et deinde Romam progrediens duos tunc de papatu invicem contendentes (quorum alter Benedictus vocabatur et unus Capitolium et alter eorum castrum S. Angeli, quod tunc carcer* (Hardt: cancer) *Theodorici dicebatur, cum assistentia suorum amicorum occuparant, quam ob rem in clero et populo flagitia perpetrata fuerant) in eisdem Capitolio et castro diu obsedit et tandem ad cessionem ipsorum utrumque coegit. Atque iterum convocato concilio praelatorum in eadem urbe, in quo ipso Benedicto declarato invasore injusto, alio contendente per eundem Augustum in sede apostolica collocato, dictus Augustus praedictum Benedictum secum captivum duxit ad Saxoniam, ubi in exilio decedens in oppido Hamburg Bremensis dioecesos sepelitur. Et alia multa in talibus sunt exempla, gratia brevitatis omissa.*

Nem. un. VI. 33. Schism. III. 9 f. Priv. 268.

Die Erzählung von der Absetzung Johanns XII.

s. o S. 16 ff.

Rebus igitur benedispositis in Italia per eundemOttonem magnificum Augustum ipse Alemanniam repetiit et jam circa augmentum reipubli-	Auf den Tod Johanns folgen einige Zwischensätze, in denen die Herrlichkeit der alten Kaiser gepriesen wird. Dann fährt Dietrich fort:	Während Johann in der Campagna umherirrt, bis er vor Hunger und Elend stirbt, baut Otto die Leonina und kehrt dann nach Deutsch-

cae ibidem et in Gallia . . . . laborando: cumque interum novum schisma in papatu suo tempore ortum foret factione quorundam potentum Romanorum et unus in Capitolio tunc firmissimo et alter in castro S. Angeli (quod tunc carcer Theodorici vulgariter dicebatur, propter Theodoricum, regem Gothorum, qui quondam illud in praesidium pro se tenebat in urbe, dum imperium occidentale tempore Iustiniani principis gubernaret) contendentes de papatu se incluserant invicem in urbe cum suis potentibus et consanguineis pugnarentque assidue ac multa facinora perpetrarent, iterum ipse Otto Magnus Augustus, haec in

Hic etiam Otto magnus duo schismata successive orta in Romana ecclesia, dum ageret in Gallia et Alemania cum ingenti exercitu ad urbem Romanam rediens manu potenti sustulit; et unum in Capitolio tunc fortissimo et alium in castro novo Sancti Angeli, quod tunc carcer Theodorici vocabatur, loco firmissimo, contendentes tunc de papatu prima facie . . . . cepit et multorum nobilium palatia in urbe destruxit et multos eorum jugulavit . . sicque ipsas ecclesias ad unionem deo ordinante perduxit. Et post longa tempora orto alio schismate in ipsa ecclesia iterum rediit ad urbem ipsam et causa cognita utrius-

land zurück. Hier erfährt er später, dass Leo VIII. abgesetzt und ein anderer, Benedict, gewählt sei. Deshalb kehrt er nach Italien zurück und erobert Rom, nach dem heftigsten Widerstande der Bewohner, durch Hunger. Scientes autem Benedictus suique complices, quod imperator ipsam urbem potenter intravit, cujus ira revera mortis nuntius extiterat, quidam eorum magis potentes in Capitolio, quod tunc valde forte erat, et reliqui complices cum ipso Benedicto in sancti Angeli (einzuschieben: castro), quod tunc carcer Theodorici nominabatur, se incluserant. Sed imperator asserens: me non sic decipietis, veteratores, eroberte

dolore sentiens, de Germania iter capit versus urbem nominatam, quam intrando morc Caesareo expugnat, subito arcem Capitoliina chinis et aliis bellicis instrumentis ... capit .. et ... subsequenter expugnat etiam castrum praedictum .. et ad manum suam deductis illis, qui erant in eodem, multa etiam magna palatia Romanorum .. demolitus est, ut adhuc veteres ruinae testantur. Et iterum convocatis episcopis et clero in urbe praefata et in generali synodo ibidem celebrata et discusso, quis illorum esset verus papa, illum, pro quo declaratum fuit, in sede apostolica honorifice collocavit, reliquum catenis, onustum secum ad Saxoniam quasi in exilium depor-

que contendentis et clero per concilium subito convocate et uno declarato papa, alterum scilicet Benedictum secum(Schard: secundum) in Saxoniam in exilium deportavit.

die Burgen und Paläste, tödtete und verbannte viele Römer. Dictoque Leone vero papa in sede sua cum pace reposito, praefatum Benedictum catenatum ad eandem Saxoniam in exilium destinavit: ubi mortuus postea fuit in oppido Hamburg Bremensis dioeceseos, ut veteres historiae testantur.

tando, cujus corpus in oppido Hamborg fuit traditum ecclesiasticae sepulturae.

Als Fundort dieser Berichte nennt Dietrich in der *Geschichte des Schisma* eine alte Kaiser- und Papstchronik, die eine seiner Hauptquellen gewesen zu sein scheint. Auch in dem genannten Brief *an den deutschen Prälaten* wird sie erwähnt: *tractatur tamen adhuc continuo inter partes de papatu certantes, quod pacem faciant in ipsa ecclesia generali: verum quia, ut legitur in veteribus historiis et praecipue in gestis pontificum et imperatorum regumque Romanorum, quod paene omnia schismata, quae in Romana ecclesia erant, hactenus sub imperatoribus et regibus Romanis tractata fuerunt.* Ganz dasselbe lesen wir *Mod. 22* (122): *et sic multi Romani principes, reges videlicet et imperatores, in similibus sedatis per eos et ipsorum auctoritate schismatibus, tunc in eadem ecclesia Romana exortis, in gestis Romanorum pontificum et regum fecisse leguntur,* und mit näherer Angabe *Mod. 20 (118): sicut in multis schismatibus in Romana sede ortis factum videtur esse, quae fueruntforte XXIV, ut legitur in gestis Romanorum pontificum et imperatorum. Quae violentia, armis, bellis, conciliis generalibus et compulsione terminatae leguntur*[1]. Nach Einschiebungen, die so nebensächlich sind und so sehr der Persönlichkeit des Schreibers angehören, wie die Notiz über die Dietrichsburg[2]), wird man wohl kaum noch an dem Einwande festhalten, der Verfasser von *De modis uniendi* habe ganz unabhängig seine alte Kaiser- und Papst-Chronik benutzt: dem so

---

[1]) Auch im Eingange der Erzählung von Otto und den Päpsten wird auf sie hingewiesen: *Veteres quippe tradunt historiae, quod omnia schismata olim in Romana curia orta per imperatores et reges Romanos . . . fuisse decisa.*

[2]) Fast möchte man annehmen, dass Dietrich durch seinen eigenen Namen zu der Aufnahme der Bemerkung veranlasst worden sei.

viele andere Beispiele, wie er selbst bemerkt, zu Gebote standen [1]).
Andererseits kann man auch nicht mehr glauben, dass die Berichte
in den beiden Hardtschen Schriften Auszüge aus einer der Niemschen Erzählungen seien. So wörtlich diese fünf Berichte in Einzelheiten übereinstimmen, gehen sie doch alle in wichtigen Puncten
aus einander. *De modis uniendi* lässt Papst Leo in Frieden
sterben. Erst dann bricht ein neues Schisma aus, in dem der
eine falsche Papst Benedict heisst; der andere wird nicht genannt.
In dem *Nemus unionis* und in der *Geschichte des Schisma* wird
der Tod Leos nicht erzählt, aber er tritt auch später nicht mehr
auf; es wird überhaupt nur der falsche Papst, Benedict, namhaft
gemacht, und es scheint, besonders in der zweiten Darstellung,
dass der Verfasser nicht mehr an ihn denkt. In den *Privilegia
aut jura* dagegen ist Leo der eine, Benedict der andere Papst.
Jener wird während der Abwesenheit Ottos abgesetzt, dieser hält
mit seinem Anhange sowohl das Capitol als die Engelsburg, während
wieder in den drei andern Berichten jeder der Gegenpäpste eine
dieser Festungen besetzt hat. Ein alleinstehender und merkwürdiger
Irrthum der zweiten Erzählung ist es, nach der Absetzung Johanns
noch zwei Spaltungen und zwischen der Eroberung der beiden
römischen Castelle und der Wegführung Benedicts eine lange
Zwischenzeit und die abermalige Spaltung anzunehmen, während
sie das anfängliche Versprechen Johanns, sich bessern zu wollen,
und das Winterquartier des Kaisers zu Pavia nur mit den *Privilegia.*
gemein hat. Die Meldung von der Beiseiteschiebung der Cardinäle
endlich, die die *Avisamenta* bringen, fehlt in allen andern Berichten.
Die Erzählung war — so muss man schliessen — dem Schreiber
so vertraut, dass er sich nicht erst die Mühe machte, seine Quelle
aufzuschlagen, sondern sie aus dem Gedächtniss niederschrieb und
daher hier und da eine Abweichung mit unterlaufen liess.

---

[1]) Auf Heinrich III. und die drei von ihm abgesetzten Päpste wird nur
einmal ganz kurz hingewiesen (*Mod. 16:106*), zweimal wird der andere
Lieblingskaiser Dietrichs, Heinrich II., erwähnt (*Mod. 14. 16 : 101. 106*).

Der Rückfall Johanns XII. in seine Laster trotz seiner Eide
wird in der *Geschichte des Schisma* und in den *Privilegia* durch
den Erfahrungssatz begründet: *quia difficile (Priv.: durum)
est consueta relinquere.* Dietrich scheint diesen Satz gerne im
Munde geführt zu haben: auch in seinem Constanzer Tagebuche
gebraucht er ihn von einem, wie es scheint, persönlichen Gegner,
dem Lütticher Johannes Crayt, der von ihm besonders für die
sündhafte Wirthschaft an der römischen Curie verantwortlich gemacht wird und der sich von dem Papste den Titel eines Abbre-
viators wie von König Sigismund den eines Grafen erschwindelte,
dann aber im Sommer 1416 von dem Concil aller seiner kirchlichen
Würden entsetzt wurde [1]). Denselben Satz finden wir zweimal in
De modis uniendi[2]), und ebenso verräth eines der abgerissenen
Stücke in der Handschrift der *Avisamenta pulcherrima*, das wir
auch aus andern Gründen als ein Erzeugniss Dietrichs erkennen
werden, schon durch dies Citat seinen Ursprung [3]).

In *De modis uniendi* wird nach der Erzählung von Otto
dem Grossen noch ein Satz über ihn hinzugefügt: *Nec est creden-
dum, quod ille catholicus, magnificus et devotus princeps, qui
semper ampliavit rempublicam necnon in Italia et Germania atque
diversis aliis partibus multas dotavit ecclesias, etiam quam plura
monasteria de novo fundavit, se de talibus impedivisset, nisi
sancte et licito sic facere potuisset.* Man lese im Brief Dietrichs
*an den Ritter Johannes: Regna etiam et provincias, quae cum Dei
adjutorio sibi subjecit, quamvis multos haberet filios et fratres,
non eis tamen, sed Romano imperio perpetuo addidit atque dedit
ac nobilem illam civitatem Magdeburgensem et insigne oppidum
Goslariae in Saxonia ipsa condidit necnon Magdeburgensem vene-
randam metropolim, in qua ipse et uxor sua ultima sepulti sunt,
cum omnibus ejus suffraganeis ecclesiis in proprio ejus fundo et
de ipsius patrimonio de novo fundavit, de suis facultatibus illa*

---

[1]) *Vit.* III. 37. 40.
[2]) *Mod.* 12. 26 (96. 181).
[3]) Hardt I. 395.

*et multa alia monasteria et ecclesias in Italia, Germania et
Gallia opulente dotando*[1]). Der Verfasser von *De modis uniendi*
tritt durchaus für die Idee ein, dass der jetzige römische König
ganz nach dem Beispiel des grossen Otto verfahren könne: *Igitur
cur simile non posset fieri per ulium imperatorem seu regem
Romanorum, si tamen ei adesset sufficiens potestas in executione,
mihi non occurrit.*

Im elften Kapitel der *Geschichte des Schisma* werden die
theoretischen Erörterungen fortgesetzt. Auch hier kein Gedanke,
der nicht in unsern Abhandlungen wiederkehrte. So gleich der
erste: *Regiae potestatis interest praecipue, ut per eam mali coer-
ceantur a malo, ut boni quiete inter malos vivant, ut sacri canones
docent, sed non intelligitur de alia potestate quam imperiali, quae
omnes dignitates temporales excellit*, nur eine andere Wendung
des Satzes, dass der Kaiser der Hort des gemeinen Wohles sein
soll, der Grundgedanke der ganzen Kaisertheorie Dietrichs, der
ihn aber eben immer allein für den Kaiser in Anspruch nimmt[2]).
Ganz ähnlich lesen wir *Mod. 5 (80): Certum enim est, nullam
rempublicam sine unitate principis posse subsistere, qui malos
debeat coercere et bonos promovere. Iuxta dictum Philosophi:
Expediens regno fuit habere unum principem, ne malefici tur-
burent civium pacem. Intendere ergo debet quilibet princeps, ut
corda civium sint tranquilla et ut hostes vivant pacifice.* Es ist
dies ein Citat aus der vielgelesenen Schrift des Aegidius Colonna
von Rom *De regimine principum*[3]) und seine Wiederkehr in den

---

¹) *Nem. un.* VI. 33 (361 ff.).

²) Er kehrt häufig wieder. Z B. *Schisma II.* 40: *Rex enim dicitur,
quia regit, non nomine tantum, ut rex puerorum, quem quandoque con-
stituunt inter se ludentes mutuo pueri, ut in historia de Cyro rege Persarum,
dum puer esset, legitur contigisse: et utique absurdum est dicere, quod quis
eligatur in regem Romanum ad hoc quod solo nomine regis contentus sit,
sed potius ut justitiam et judicium faciat in terra, quia
dei minister est, propter quod gladium portat.* Vergl *Mod. 20
(115)* u. o. S. 53. Ferner *Nem. un.* VI. 31 (349). 33 (370).

³) Die Ausgaben seiner Schriften sind verzeichnet bei Riezler, Literarische Widersacher der Päpste 299 ff.

Colles reflexi eine ganz besondere Stütze für die Combination Schwabs, zusammen mit der bald darauf folgenden Stelle aus den Briefen Cassiodors: *Quid enim est, quod principem melius praedicet, quam quietus populus, concors senatus et tota respublica morum honestate vestita* (= *Mod. 6: 81*)[1].

Es heisst dann bei Dietrich weiter: kein anderer Fürst kann das Schisma beilegen, es sei denn der Kaiser. Wenn doch ein solcher erstände und die Unzahl der Schriften einzöge, die in diesem Wirrsal geschrieben sind und kaum von sechshundert Kameelen fortgebracht werden können! Die nun folgende Nutzanwendung aus der Erzählung von Johann XII., dass der Papst als das Vorbild aller an Reinheit und Heiligkeit allen voranleuchten müsse, lernten wir schon bei der Vergleichung mit den *Avisamenta pulcherrima* kennen. Sie ist dem Verfasser von *De modis uniendi* nicht minder vertraut[2]. An der parallelen Stelle in den *Privilegia aut jura* war nur ein Satz, der nicht in den *Avisamenta* wiederkehrte: *Quia scriptum: si caecus caecum duxerit, ambobus fovea patebit.* Er findet sich dafür *Mod. 29* zur Beleuchtung desselben Gedankens, dessen Ausführung dies ganze Kapitel gewidmet ist. Der Vers „*cum caput aegrotat, cetera membra dolent*" findet sich wenigstens in der prosaischen Umschreibung *Mod. 5 (76): non enim, si pes dolet, caetera membra dolent, secus si caput dolet*, wie überhaupt das Bild von Haupt und Gliedern in diesem Tractat fortwährend wiederkehrt. Nur eine andere Wendung derselben Idee ist der Vers, dem wir schon einmal in den *Avisamenta pulcherrima* begegneten:

Regis ad exemplum totus componitur orbis[3].

---

[1] Im *Gubernaculum* kehren sie aber nicht wieder. Ein Irrthum Schwabs ist es, beide Stellen dem Aegidius Romanus zuzuschreiben. Mit Cassiodors Briefen war Dietrich übrigens wohl vertraut (vergl. Sauerland a. a. O. 61).

[2] z. B. K. 5. 26.

[3] Vergl. o. S. 24.

Wir finden ihn wieder *Mod. 5* und in Prosa aufgelöst noch
an zwei andern Stellen [1]).

Dietrich führt fort: *Nec tenetur forte, communi utilitate
suadente, imperator vel rex Romanorum fidelitatis juramentum
praestitum tali perverso papae vel incorrigibili observare, quia
ibi virtus deficit potestatis, ubi successit abusus; et juramentum
iniquitatis vinculum esse non debet; alias enim sequeretur, quod
artante illo juramento tales perversos et malos nemo impedire
atque, ut ad viam redirent, admonere posset, quod juri communi
et rectae rationi repugnat et cederet in reipublicae detrimentum:*
wie wir sehen, die Frage, die in *De difficultate reformationis*
aufgeworfen und in *De modis uniendi* mit den gleichen Gründen
beantwortet wird [2]).

Wenn dann die Ausführungen kommen, dass der Einwand,
der Papst könne nicht gerichtet werden, da sein Amt alle andern
Würden überrage, da er Gottes Stellvertreter und selbst Richter
über alle sei, und nun gegen diese Anmassung mit dem Satz an-
gekämpft wird, dass der Tyrann wohl abgesetzt werden könne,
weil er eher ein vernunftloses Thier als ein Diener Gottes genannt
werden müsse, so erkennen wir auch hier eine Frage, die zweimal in *De modis uniendi* aufgeworfen und beantwortet wird [3]).

Dietrich rechtfertigt seine Behauptungen schliesslich durch
Joh. 10: *hoc probare videtur auctoritas evangelii, ubi dicitur
Petro conditionaliter: si diligis me, pasce oves meas: ex quo infertur, quod qui non diligit Deum, scilicet si est symoniacus,
adulter vel alias publicus peccator incorrigibilis, non meretur*

---

[1]) *Mod.* 10. 24 (90 127). Übrigens ist zu bemerken, dass dieser Vers
auch in d'Ailly's *Canones reformationis ecclesiae*, die der Cardinal am 1. Nov.
1416 herausgab, zur Erläuterung desselben Gedankens gebraucht wird.
(Hardt I. 428.)
[2]) *Diff. 1. Mod. 22.*
[3]) *Mod.* 5 (76): *Sed forte me voluisti etc. Mod.* 13 (97): *item non habes
superiorem in terra etc. Mod.* 18 (114): *et si papa dicit, se non habere
superiorem in terra etc.*

esse nec est verus papa ovium. Ganz so der Verfasser von *De modis uniendi* im Anschluss an dieselbe Erörterung: *nec Pasce oves meas ipsi a Domino dictum fuisset*[1]), und ausführlicher weiter unten: *Et Christus dixit: si ergo diligis me, pasce oves meas. Cum ergo probatio dilectionis exhibitio sit operis, videtur, quod, qui non diligit Christum, oves Christi pascere non valeat. Sed cum dilectio Christi per opera manifestetur, nescio quo modo pascat oves Christi, qui opera facit notoria Diaboli, dicente Hieronymo*[2]).

In den *Privilegia aut jura* war für die Vergleichung mit den *Avisamenta* besonders das Scholion ergiebig, in dem Dietrich auf die unentgeltliche Ertheilung der Gnaden dringt. Ebenso für *De modis uniendi.* So finden wir hier ein Wortspiel aus *De modis uniendi.* »Jetzt ist der *Apostolicus* zum *Apostaticus* geworden«, ruft Dietrich aus[3]), während wir *De modis uniendi 25* lesen: *non erit apostolica, sed apostatica* (nämlich die Kirche)[4]). Man liest ferner *Mod. 24 (128): secundum rectam conscientium, quia gratis accepit et gratis dedit,* und K. 10 (89): *ergo quid prodest in ecclesia habere papam simoniacum et avarum et quo causante venerabilia Dei templa pecuniis expugnentur*[5]). Ebenso wird *Diff. 2 (261)* auf den Spruch des Evangelium *„gratis date, gratis accepistis"* hingewiesen. Auch das Gleichniss von den Dieben, die nicht durch die Thüre in den Schafstall dringen, sondern anderswo, wird mit derselben Beziehung *Mod. 24 (129)* erzählt[6]).

Endlich werden wir berechtigt sein, auch noch die *Avisamenta pulcherrima* zu Gunsten Dietrichs für eine Vergleichung

---

[1]) *Mod. 5 (76).*
[2]) *Mod. 29 (137 f.).*
[3]) *Priv. 269.*
[4]) *Mod. 25 (130).*
[5]) Vergl. o. S. 20.
[6]) Vergl. o. S. 21.

mit *De modis uniendi* heranzuziehen. Die meisten Parallelen zwischen beiden haben wir zwar schon in Niemschen Schriften wiedergefunden, es bleibt aber noch eine Anzahl von Stellen übrig, welche die *Avisamenta* allein mit der Hardtschen Wechsel-schrift gemeinsam haben.

So findet sich die Wendung „*cessante causa cessat effectus*" in *Mod. 10 (93)* wieder *Nec. 9 (287)* in der Form „*deficiente causa deficit effectus*". Die Besorgniss, die in den *Avisamenta* für den Fall geäussert wird, dass man die Wahl dem Cardinal-collegium überlasse, „*et esset error novissimus pejor priori*", findet sich, nachdem sie *Diff. 2* ausgesprochen war, wörtlich so beantwortet *Mod. 26*. Die Schönheit und Nothwendigkeit der kirch-lichen Einheit wird in beiden Schriften gleich gepriesen, *Mod. 5 (80): ut, sicut una est Christi sponsa, ita sit unus ejus vicarius, unus sit episcopatus, una sit ecclesia, una sit obedientia, una sit fides, unum baptisma (caus. XXIII. q. I. Conc. 18)*, = *Nec. 1 (277): Et Apostolus idem sequens hortatur ecclesiam et ecclesia-sticos ad unitatem spiritus in vinculo pacis: unum corpus, unus spiritus, unus Dominus, una fides, unum baptisma, unus Deus et pater omnium*. Dass Petrus, trotzdem ihm Christus die Schlüssel übergeben, nicht sündlos gewesen, sondern z. B. schon durch seine Verleugnung Christi und sonst oft gefehlt habe, ist eine beiden Schriften gemeinsame Anschauung [1]). Dann wird mit grosser Übereinstimmung beiderseits der Satz bestritten, der Stuhl, die Würde mache den Papst heilig. Man vergleiche *Nec. 1: Erroneum igitur est dicere, quod quis assumptus ad papatum, sit ille qualiscunque, propterea sit sanctus. Licet canonistae multis altercentur verbis, quod sedes illa Petri aut istum sanctum inveniat aut sanctum faciat* und *Mod. 5 (80): Nec etiam illa sedes papalis facit hominem sanctum. Quia locus non sanctificat hominem, sed homo locum. Nec ornamenta papalia eum sanctum faciunt: Imo tanto magis eum vituperant, quanto ejus vita mala*

---

[1]) *Nec. 1 (277)* = *Mod. 15. 18 (104. 114.).*

apud homines est magis nota. Illa enim ornamenta exteriora interiorum indumentorum sunt signa, scilicet justitiae et sanctitatis ac veritatis. Et si dicatur: illa sedes aut sanctum facit aut sanctum invenit, intelligitur ita: deberet sanctum invenire.

Wohin wird sich nun die Wage senken?

Dass Andreas von Randuph ausser den *Colles reflexi* noch eine andere Abhandlung geschrieben, auf die er im *Gubernaculum conciliorum* zurückgeht, werden wir, trotzdem der Hauptgrund Hartwigs dafür wegfällt, wegen der wörtlichen Anklänge annehmen müssen. Aber können die unfertigen Schriftstücke, die Hardt aus dem Helmstädter Codex abgedruckt hat, diesen Spanier zum Verfasser haben?

Schon wenn wir die beiden Gruppen der Parallelstellen nach ihrem Umfange und nach dem Grade der Übereinstimmung vergleichen, müssen wir uns eher für Dietrich von Niem entscheiden. Ich habe die zwischen *De modis uniendi* und dem *Gubernaculum conciliorum* übereinstimmenden Gedanken und Wendungen in möglichster Vollständigkeit gegeben, um auch der Gegenansicht vollkommen das Wort zu lassen. Aber bei der weit überwiegenden Mehrzahl derselben dürfen wir doch dieser Übereinstimmung kein allzu grosses Gewicht beilegen. Die Unterscheidung zwischen der katholischen und apostolischen Kirche und die Folgerungen aus diesem Satze, dass das Generalconcil grösser sei als der Papst, die Bischöfe ehrwürdiger als die Cardinäle, dass der Papst nur der Schatzmeister der allgemeinen Kirche, ein Glied des ganzen Leibes sei, dass er von den Statuten des Concils nicht dispensiren, vielmehr aus der Gemeinschaft der Kirche, wie ein schädliches Thier, ausgestossen werden könne, waren eben die Lehren, die in einer funfzigjährigen Entwickelung allgemeine Geltung gefunden hatten. Sie waren in der fünften Sitzung des Constanzer Concils, auf deren grosses Dekret Andreas sich wiederholt beruft, ver-

kündigt; man hörte sie — Andreas sagt es selbst [1]) — von allen
Lehrstühlen, und gewiss hat man sich damals nicht selten auf
Bibelstellen berufen, wie diese: »wenn Dein Bruder gegen Dich
gesündigt hat, so ermahne ihn unter vier Augen zur Busse, wenn
er nicht auf Dich hört, so rufe zwei Zeugen, wenn er aber dann
noch nicht folgt, so sage es der Kirche«, oder bei Klagen über
die Verderbtheit der Kirche auf das Wort des Apostels hingewiesen:
»wir sollen Diener Christi sein und Ausspender des Geheimnisses
Gottes«, und auf den Ausspruch des Herrn: »der rechte Hirte lässt
sein Leben für die Schafe«. Wendungen, die uns wirklich zur
Annahme einer dritten Schrift des Andreas zwingen, finden wir
unter der Masse dieser Parallelstellen, wenn wir von denen, die
auch in den *Colles reflexi* vorkommen, absehen, doch nur sehr
wenige. Die Reihe der auf den heiligen Bernhard zurückgehenden
Wortspiele *(Gub. 196)* möchte das hervorragendste Beispiel sein.

Anders bei Dietrich von Niem.

Wenn wir den Excurs in der *Geschichte des Schisma* Satz
für Satz in *De modis uniendi* wiederfinden, so können wir auch
hier freilich manche Gedanken aus dem allgemeinen Bewusstsein
der Zeit erklären, obwohl man betonen muss, dass diese Ideen
damals doch erst zum Durchbruch kamen und dass Wendungen,
wie jenes „Nec Pasce oves meas Dominus dixisset" immer noch
mehr persönlichen Character tragen als die Mehrzahl der im
Gubernaculum wiederkehrenden. Aber die meisten Verbindungen
und Erzählungen, die wir aus diesem Excurse und den andern
Schriften Dietrichs in den Hardtschen Schriftstücken wiederfanden,
trugen durchaus den Stempel seiner Persönlichkeit. Und auch
das ist für die Entscheidung der Frage von Bedeutung: sowohl
bei *De modis uniendi* als bei den *Avisamenta* lehrte uns die Vergleichung mit den Niemschen Schriften, dass sie, so überraschend
die Verwandtschaft, so wörtlich die Übereinstimmung, doch hier

---

[1]) *Gub.* 297.

und da in Einzelheiten aus einander giengen. Kein knechtisches Abschreiben, sondern derselbe Gedankengang prägte sich in den einzelnen Schriften in verschiedener Form aus; Gedächtnissfehler veränderten die Erzählungen an einigen Puncten; gerade die Abweichung in der Übereinstimmung verrieth die Persönlichkeit. Ich brauche nicht zu wiederholen, zu welchem Schlusse wir durch die fünf Parallelerzählungen von Otto dem Grossen gezwungen wurden. Zwischen diesen im Einzelnen abweichenden, im Ganzen übereinstimmenden Erzählungen und Erörterungen und dann auch wieder bei den verschiedensten, von einander ganz unabhängigen Gelegenheiten fanden wir jene Bemerkungen und sprüchwörtlichen Redensarten eingestreut, die Dietrich um so lieber und häufiger anbringt als ihr Kreis nur ein kleiner ist:

Quae nimis apparent retia, vitat avis;
Quod non suscipit Christus, tollit fiscus;
Quia sunt canes muti, non valentes latrare;
Castrum S. Angeli, quod tunc carcer Theodorici
nominabatur;
Quia difficile est, consueta relinquere,
Si coecus coecum duxerit, ambobus fovea patebit;
Regis ad exemplum totus componitur orbis.

Wie Zahl und Wörtlichkeit der Übereinstimmungen, muss uns auch ihr Inhalt auf die Seite Dietrichs ziehen. Wenn die Bewegung, die zum Constanzer Concil führte, aus der Macht des ghibellinischen Gedankens erklärt worden ist, der selbst Männer wie Johannes Gerson und Pierre d'Ailly mit schwärmerischer Begeisterung für das verfallene römisch-deutsche Kaiserthum und mit tiefem Schmerz über den Verlust der Reichsgüter in Italien erfüllt habe, so beruhte diese Annahme doch nur auf den grundlosen Vermuthungen Hardts. Dass Franzosen, wie jene Pariser Professoren, nicht daran gedacht haben, dem römischen Kaiser irgend eine Prärogative zuzugestehen, die seine weltliche Macht gefördert hätte, lehrt ein Blick in ihre Schriften wie in die Geschichte des damaligen Frankreichs. Aber muss solche Begeisterung bei einem Professor von Bologna minder befremden? Können wir in einer Zeit, wo das Nationalbewusstsein schon ein so ausgeprägtes war, diese Abneigung gegen die Wahl eines Luxemburgers zum römischen König, weil durch dies Haus des Reichs italienische Besitzungen und Rechte verschleudert seien, bei einem Spanier begreifen, können wir einen Zornruf wie „*Videant igitur sibi Florentini, Ianuenses necnon alii tyrannice occupantes et conculcantes jura et honorem imperii, qualiter de hoc in extremo judicio valeant respondere*" aus dem Munde eines andern als eines Deutschen erwarten [1])?

Zum Glück kennen wir die Stellung, die Andreas von Randuph wenigstens in seinen spätern Jahren zu der Kaisertheorie einnahm. In dem *Gubernaculum conciliorum* hat er die Möglichkeit einer Concilsberufung durch den Kaiser besprochen, und wir erkennen auch die Quelle, auf die er hier zurückgeht. Es ist dies Kapitel nämlich nichts als ein zum Theil wortgetreuer Auszug aus der Abhandlung, die Franz Zabarella im Sommer 1408, damals Andreas' College als Kirchenrechtslehrer, als Rechtfertigungsschrift für das bevorstehende Concil zu Pisa veröffentlichte [2]). Da finden wir denn

---

[1]) *Mod. 14 (104)*. Nicht minder bemerkenswerth ist die Stelle *Mod. 27 (133)*: *Ex quibus patet, quod papa, ejus cardinales et quidam pontifices rempublicam Romani imperii miris modis incaserint. Et tractu temporis papa imperium a Roma seclusit, ita ut in imperio nihil juris aut potestatis reliquerit. Unde subsequenter etiam alia membra et jura ejusdem imperii in eadem Italia paulatim abstracta fuerunt. Sicut tyranni eorum terras, villas et castra receperunt.*

[2]) Eine Vergleichung wird dies auf den ersten Blick lehren. Die Schrift, die in acht Quästionen den Nachweis zu führen sucht, von wem das Concil berufen werden könne, und die verschiedensten Instanzen und Wege je nach den Umständen dafür berechtigt und möglich erklärt, ist gedruckt von Schard in dem *Syntagma tractatuum de imperiali jurisdictione*, S. 235—247, unter dem Titel *Tractatus de schismate pontificum*, der dem Inhalt wenig entspricht, aber gebräuchlich ist. Dass die Abhandlung nicht dem Jahre 1406 angehört, wie Schard sagt, bemerkt schon Steinhausen (*Analecta ad Histor. Conc. Const. 5*). Sie ist übrigens in den einzelnen Theilen

die Theorieen wieder, die damals auf allen Universitäten gelehrt
wurden. Theoretisch bestritten auch die Pariser Professoren nicht,
dass der Kaiser der Repräsentant des christlichen Volkes sei, dass
er den Frieden im römischen Staate zu wahren habe auf Grund
seiner richterlichen Gewalt über den Erdkreis, dass das Recht der
Concilsberufung ursprünglich bei dem Kaiser gestanden habe und
unter gewissen Umständen noch heute zu ihm zurückkehren könne.
Diese Theorieen haben wieder wirkliche Bedeutung, neues Leben
durch die Concilsbewegung gefunden. Aber ein anderes war doch
der Wunsch, sie in der Weise ins Leben treten zu sehen, wie es
die Hardtschen Schriften anstreben. Die Theoretiker von Paris
und Bologna setzten ausdrücklich ihren Erörterungen hinzu, und so
finden wir dies auch bei Andreas von Randuph: nicht um seine
Macht zu zeigen, nicht um zu prahlen und zu prunken, sondern
um den Glauben zu vertheidigen, den geistlichen Herrn den Schutz
der weltlichen Macht zu bieten, müsse der Kaiser das Concil be-

---

nicht gleichzeitig verfasst. Drei Abschnitte, die zu verschiedenen Zeiten
niedergeschrieben sind, können wir unterscheiden. Der erste reicht bis zu
den Worten: *Haec autem, quae superius scripsi, subjicio judicio melius
sententium: in quibus siquidem erratum est, suppleant et emendent cogitantes
quod uniuscujusque interest vigilare super iis, per quae fides catholica con-
servetur, quo zelo ductus et nullo extrinseco praemio, ut scit is, cui hoc
scripsi, tentavi rem hanc licet arduam et per alios intentatam.* Es ist die
erste *Quaestio.* Der zweite Abschnitt ist mindestens bis zur vierten qu.,
vielleicht bis zur siebenten, unter der Regierung Innocenz' VII. geschrieben
worden, also zwischen dem 17. Oct. 1404 und dem 6. Nov. 1406 (*„Secundus
modus est, ut contendentes de papatu, s. dominus noster quem dicimus Inno.
septimum"* etc. und *„forte dicet collegium quod est cum Innocentio"* : 239).
Der dritte umfasst die achte quaestio, die noch länger ist als die erste,
während II. — IV. kaum 2 Seiten umfassen Dass dieser im Sommer 1408 geschrieben ist (Steinhausen sagt: im Juli), wird am entschiedensten bezeugt
durch die Stelle (S. 241): *Et pro hac subtractione, quae noviter facta est,
inducunt aliqui, quia, cum praesens schisma sit inveteratum per triginta
annos et ultra, censetur haeresis.* Welches Ansehen diese Schrift noch zur
Zeit des Basler Concils genossen, sehen wir auch daraus, dass Sigismund sich
gegen Papst Eugen IV. bei den Verhandlungen im März 1432 auf sie berief.
Vergl. Aschbach, Geschichte Kaiser Sigmunds IV. 69.

rufen und ihm beiwohnen [1]). Dies Verhältniss ist auf dem Constanzer Concil aufs ängstlichste gewahrt worden. Wie aufgebracht sind die Concilsväter jedesmal, wenn sie von dem römischen König irgend welche Beeinflussung ihrer Verhandlungen besorgen! Die ganze Gruppe der parallelen Stellen zwischen dem *Gubernaculum conciliorum* und *De modis uniendi* enthält keinen ausserordentlichen, persönlich characterisirenden Gedanken. Selbst die Lehre von der allgemeinen Kirche, die durch das Generalconcil vertreten werde, ward von Männern wie Zabarella gebilligt und vertheidigt [2]). Die Gedanken, die sich durch ihre Besonderheit, ihre individuelle Färbung auszeichnen, sind eben die, welche wir als die Dietrich von Niem ganz eigenthümlichen, nirgends sonst in jener Zeit wiederkehrenden kennen gelernt haben. Weder die Begeisterung für das deutsche Kaiserthum noch der Hass gegen seine Feinde und Zerstörer findet sich in dem *Gubernaculum*, auch keine einzige jener von Dietrich so gern gebrauchten sprüchwörtlichen Redensarten, deren wir eine so ansehnliche Reihe in den Hardtschen Schriften wiederfanden. Umgekehrt sehen wir, dass ihre grundlegenden Gedanken Dietrich nicht minder vertraut und geläufig waren als den akademischen Lehrern. Dass der Kaiser das Schwert trage, um die Gerechten zu schützen, Frieden im Staate zu erhalten, das gemeine Beste zu vertheidigen, dass

---

[1]) Vergl. den vorhin citirten Ausspruch des Cardinals von Cambray in der Pfingstrede von 1417 (s. o. S. 22, A. 1).

[2]) Zabarella, *Tractat. de schism.* 237: *Sed cum agitur de fide, imperator potest interesse concilio, non ad potentiam ostendendam, sed ad fidem confirmandam, ut dist.* 96 c. *Nos ad fidem.* Dem entsprechend *Gub.* 282: *Et praesertim cum de fide agitur .... imperator debet et potest convocare concilium et in eo interesse, non ad pompam ostendendam, sed ad fidem confirmandam,* 96. *dist. Ubi imperator dicit: interesse nolumus.* -- *Tractatus de schismate* 236. *Ita ergo et regimen universalis ecclesiae vacante papatu consistit penes ipsam ecclesiam universalem, quae repraesentatur per concilium generale.* Der Gedanke war übrigens nicht so neu. Wenigstens sehr ähnliche Lehren entwickelt schon der *Defensor pacis* des Marsiglio von Padua. Vergl. Riezler a. a. O. 210.

dem Papst nicht der Eid gehalten werden brauche, wenn er seine Würde missbrauche, er vielmehr wie ein wildes Thier aus der menschlichen Gemeinschaft ausgestossen werden könne, diese und ähnliche Gedanken erfüllten, wie wir sahen, die Niemschen Schriften. Einzig den Gedanken von der allgemeinen Kirche lesen wir nicht in ihnen. Dass Dietrich ihn kannte und billigte, beweist die Aufnahme der *Colles reflexi* in sein *Nemus unionis*. Hartwig behauptet, Andreas von Randuph habe sich mit Dietrich von Niem befreundet, als er Pönitentiar an der römischen Curie geworden sei. Er hat eine Beweisstelle hierfür nicht angegeben und ich habe keine gefunden, aber die Annahme liegt nahe, dass beide Männer, die sich in ihrer literarischen Thätigkeit so nahe berührten und in der Bekämpfung des Erzbischofs von Ragusa ein gemeinsames Ziel verfolgten, einander nahe getreten sind. Jedenfalls ist aber nichts erklärlicher als dass Dietrich eine seinen Theorieen so eng verwandte Schrift, die er selbst in sein publicistisches Sammelwerk aufnahm, für seine eigenen publicistischen Arbeiten verwerthete. Es ist ferner verbürgt, dass Dietrich auch eine Schrift über die Reformation der Kirche verfasst hat, und wir haben sie mit ausserordentlicher Wahrscheinlichkeit in den *Avisamenta pulcherrima* wieder erkannt. Auch in ihr kehrten, wie wir sahen, die Gedanken von *De modis uniendi* sowohl als aus den bekannten Schriften Dietrichs wieder.

Welche Annahme liegt nun näher: dass Andreas von Randuph die Theorieen, die er in den *Colles reflexi* und vielleicht noch in andern Schriften entwickelt hatte, die lediglich aus dem geltenden Kirchenrecht entnommen und begründet waren, die überall, wo das Kirchenrecht gelehrt wurde, Geltung finden konnten, mit den Ideeen versetzte, die wir nur bei Dietrich, aber bei diesem in wörtlich gleicher Ausprägung finden, die nirgends in dem geltenden Recht begründet waren und sich nur aus der Begeisterung eines deutschen Patrioten erklären lassen, oder dass jener deutsche Mann die ihm eigenthümlichen, ihm liebsten Gedanken mit den Ideeen verschmolz, die er, der trefflich gebildete Canonist, aufs beste kannte und auch sonst aufs eifrigste vertheidigte? Dass

Andreas die Reihe jener sprüchwörtlichen Wendungen aus Dietrichs
Schriften heraussuchte und in seiner Schrift hier und da, meist
bei andern Gelegenheiten als wo er sie gefunden, anbrachte oder
dass sie diesem zwanglos, wo es gerade der Gedanke mit sich
brachte, aus der Feder flossen?

Wollte man auch noch die Wiederkehr aller dieser Ideeen
und Sätze in *De modis uniendi* in der Weise Schwabs erklären,
wie kann man damit die Gemeinsamkeit reimen, die blos zwischen
dieser Schrift und den *Avisamenta* besteht? Man käme zu dem
Schlusse, dass Dietrich von Niem für diese Reformschrift wieder
die Arbeit des Andreas von Randuph benutzt habe, nachdem
diese zum grossen Theil aus seinen Schriften geschöpft war.

Schwab führt für seine Ansicht die Wiederkehr verschiedener
italienischer Worte in *De modis uniendi* ins Feld. Das Erscheinen
solcher Ausdrücke,wie *ribaldi, soldati, sacmanni, discoli*[1]),in Schriften
der damaligen Zeit berechtigt uns noch nicht zu dem Schlusse
auf die italienische Nationalität der Verfasser: sie waren schon inter-
national geworden und nicht nur in das Lateinische, sondern auch
in die Vulgärsprachen übergegangen[2]). Sonst würden auch sie
ebenso gut, wie für den Spanier, für Dietrich sprechen, in dessen
Werken, wie bei einem vierzigjährigen Aufenthalt an der Curie
erklärlich, manche Italianismen vorkommen[3]). Wenn eine Stelle
auf die Curie als den Entstehungsort der Schrift hinweist[4]), so

---

[1] *Mod. 24 (129).*

[2] *Rybaldus* z. B. liest man häufig bei Jacob Corner. In den Denk-
würdigkeiten Ritter Ludwigs von Eyb findet sich die Stelle: „Demnach
wurde ain vertrag gemacht umb die bewt, das man kain sackman macht"
(ed. Hofler, S. 123).

[3] Z. B. *Discolus Schism. II. 12. Contrada* im *Nemus unionis III.*
(S. 222).

[4] *Mod. 17 (112). Et iterum postquam ista nova talis qualis unio
in Pisis facta processit, aliquibus cardinalibus Gallicis apud nos existen-
tibus, plures angariae contra praelatos promovendos et reservationes papales
prodierunt.* Es sind die bei Alexander V. einflussreichen Cardinäle de
Viviers und Thury gemeint. — Die Stelle ist schon von Schwab bemerkt
worden (487 A. 1).

werden wir auch hierdurch auf Dietrich hingeführt. Ebenso spricht
die Erwähnung des alten Buches von Gervasius von Tilburg, der
Otia imperialia, aus denen wir ein langes Citat finden, für ihn,
denn Dietrich hat uns in seiner *Geschichte des Schisma* eine Notiz
über eben dieses Buch hinterlassen [1]). Endlich können wir noch
eine Stelle nachweisen, die für den spanischen Abt und Bologneser
Professor unerklärlich, dagegen ein unmittelbares Zeugniss für
Dietrich ist. Unter den speciellen Vorschlägen, die im 10. Kapitel
zur Besserung der Zucht unter den Geistlichen gemacht werden,
wird auch die Reform der Predigermönche verlangt und als Beispiel für deren Nothwendigkeit eine deutsche Stadt und zwar Cöln
angeführt: *Nimis etiam multiplicantur hi fratres. Et quid opus
est, ut in aliqua domo eorum fratrum, scilicet Coloniae, vel in
alia egregia civitate, continue resideant LXX eorum aut plures.
Inter quos forsan non sunt quinque vel sex sufficientes ad pro-
ponendum verbum Dei populo. Et tot pro una tota provincia
sufficere possent* [2]). Mit Cöln aber stand Dietrich von Niem in
enger Verbindung. Er hatte hier Besitzungen und war ein guter
Freund des Erzbischofs Friedrich, dem er sein *Nemus unionis*
widmete und wohl selbst im Herbst 1408 überbrachte, als er im
Auftrage der Pisaner Cardinäle mit ihm verhandelte und eine ein-
flussreiche, noch nicht aufgeklärte Thätigkeit in Deutschland ent-
faltete [3]).

---

[1]) *Mod. 14 (103)* am Schlusse des Citats: *Hoc Gercasius in suo
libro, quem intitulat Otia Imperatorum. Schism. II. 19: quas de-
scripsit* (die Schwefelfelder bei Pozzuoli an der Solfatara) *in quodam libello
metrico Gervasius orator Arelatensis et cancellarius Ottonis hujus nominis
quarti imperatoris, de quo fit mentio in c. venerabilem de electione, qui fuit
Saxo, sed Pictaviae in Francia conversatus: ad ejus solatium idem Gervasius conscripsit etiam alterum librum, qui intitulatur Otia imperatoris.*

[2]) *Mod. 10 (94)*.

[3]) Vergl. Sauerland 45. Dietrichs intime Beziehungen zu Cöln sind
auch ersichtlich aus dem Briefe, den er im Mai 1408 an Cardinal Johann
von Lüttich schrieb *(Nem. un. VI. 20)*. Ganz zusammenhangslos, als beide

Mir scheint, durch die bisherige Beweisführung ist die Frage, ob Andreas oder Dietrich die Zusammenarbeitung der von Ha r d t herausgegebenen Schriftstücke versucht hat, wenigstens bis zu hoher Wahrscheinlichkeit zu Gunsten des letzteren entschieden worden. Aber vielleicht ist noch eine dritte Lösung möglich. Haben etwa beide Männer gemeinsam daran gearbeitet? Wie es für den *Defensor pacis* von Marsilius von Padua und Johannes von Jandun überliefert ist.

Ich gestehe, dass sich die Theilnahme des Andreas nicht mit solchem Erfolge wie seine alleinige Urheberschaft bekämpfen lässt. Selbst die Argumente, die uns am unmittelbarsten auf Dietrich hinführten, wie der Schluss aus den fünf Parallelerzählungen von Otto dem Grossen oder die Erwähnung Cölns würde dann nur eben für diese Partieen die Autorschaft Dietrichs nöthig machen. Allein, wenn sich auch nichts Positives gegen eine solche Annahme sagen liesse, so könnte man eben so wenig etwas für sie geltend machen und die Führung des Beweises würde ihren Vertretern obliegen. Das Argument, das S c h w a b gegen Gerson und d'Ailly mit so grossem Rechte verwerthet hat, die Unmöglichkeit solcher Anschauungen über das deutsche Kaiserthum seitens dieser Franzosen, liesse sich auch gegen die letzte Ansicht geltend machen. Es müsste erst der Beweis geführt werden, dass sich ein spanischer Abt zu den politischen Anschauungen Niems bekehren konnte[1].

Ein Beweis von zwingender Kraft lässt sich jedoch auch gegen diese Ansicht ins Feld führen: derselbe, der auch die stärkste Stütze für die vorhin gewonnenen Resultate über die *Avisamenta pulcherrima* abgiebt, der zugleich die Ansicht befestigt, dass der

---

interessirend, kommt hier die Notiz vor: *Circa Coloniam, ut hic recens fama laborat, multi sacerdotes et alii etiam subitanea morte moriuntur. Et sic Deus plagat mundum etc.*

[1]) Dass Andreas von Randuph auch in der Fremde ebenso wie Dietrich von Niem sich sein Nationalbewusstsein bewahrt hat, bezeugt der Nachdruck, den er im *Gubernaculum* stets auf die Erwähnung seines grossen Landsmannes, des heiligen Isidor, legt: z. B. *Gub. 216.*

Versuch, die andern beiden von Hardt edirten Schriftstücke zusammenzuarbeiten, von Dietrich von Niem gemacht ist, und der vielleicht die Fülle der in den beiden Untersuchungen bisher beigebrachten Argumente überflüssig macht.

Es ist vorhin von den Anhängseln der *Avisamenta pulcherrima* die Rede gewesen, die Hardt aus der Wiener Handschrift mit abgedruckt hat. Dem besprochenen dialogischen Bruchstücke [1] folgt eine Nachschrift zu Rathschlägen, die kurz vor Beginn des Constanzer Concils aufgestellt sind, jedenfalls also, wie auch, Hardt erkannt hat, zu den *Avisamenta* selbst. Dann kommt ein Schriftstück „*De Romanorum imperatoris majestate supremoque jure*", wie der Herausgeber es betitelt hat, durch das dieser gleichfalls den Geist Pierres d'Ailly wehen fühlte — es ist **nichts anderes als die Vorrede Dietrichs von Niem zu seinen** *Privilegia aut jura imperii.* Zum Schluss endlich zwei abgerissene Stücke, deren erstes, wie wir sahen, dieselbe Wendung hat, welche wir fünfmal in den Niemschen und den von Hardt herausgegebenen Schriften fanden, und die auch sonst nach Form und Inhalt seine Hand verrathen [2].

Nun hat der Abschreiber zwischen diesen beiden Stücken und der genannten Vorrede zwei Randbemerkungen angefügt: *Sequitur in eadem epistola* und *Nota zelum, sensum et dictamen hujus auctoris.* Hardt fügt hinzu, dieser Codex stamme aus der Zeit des Constanzer Concils. Leider können wir die Richtigkeit seiner Behauptung nicht mehr prüfen. Doch dürfen wir immer-

---

[1] Man wird bemerken, dass der Gedanke, der hier und in dem 29. Kapitel von *De modis uniendi* wiederkehrt, derselbe ist, den wir in den *Avisamenta,* in der *Geschichte des Schisma* und in den *Privilegia* im Anschluss an die Erzählung von Johann XII. durchgeführt fanden.

[2] Einer seiner Lieblingsschriftsteller, Seneca, wird in beiden erwähnt; das Bild vom Hirten und den Schafen, das seine Schriften erfüllt, kehrt in dem ersten Fragment wieder. Ein Gleichniss von den Bienen liest man im zweiten und in dem Brief Dietrichs an Gregor XII. vom 27. Mai 1408 (*Nem. un. 22*).

hin annehmen, dass die Handschrift der Zeit Dietrichs sehr nahe
steht. Es bleibe auch eine offene Frage, wie diese fünf unabhängigen Stücke hier als Anhang der *Avisamenta* zusammenge-
kommen seien, was der Ausdruck „*epistola*" bedeute. Für uns
genügt, hier handschriftlich bezeugt zu sehen, was wir, wie ich
glaube, auf andern Wegen erreicht haben: schon der Abschreiber
der *Avisamenta pulcherrima de unione et reformatione membrorum
et capitis fiendu* hielt das dialogische Fragment, dessen Verwandtschaft
mit den beiden ersten Hardtschen Schriftstücken wir erkannt haben,
die Nachschrift zu den *Avisamenta* und die beiden Bruchstücke, die
den geistigen Stempel unseres Schriftstellers tragen, für Erzeugnisse
desselben Verfassers, der den Aufsatz über die Macht und Oberhoheit des römischen Kaisers geschrieben habe — und das war
Dietrich von Niem.

IV.

Es möchte ein weiterer Beweis für das Ergebniss sein, welches ich für das richtige halte, dass es dem Bilde, welches wir uns von Dietrichs Wesen aus seinen Schriften entwerfen können, keine neuen Züge hinzufügt. Im Gegentheil, gerade die Merkmale, die für ihn charakteristisch sind, finden wir auch in den Hardtschen Abhandlungen wieder.

Dies Glück, die Persönlichkeit der Verfasser aus den Streitschriften jener Tage herauszuerkennen, wird uns selten gewährt. Sie verstecken sich meist hinter dem Gestrüpp ihrer Suppositionen und Conclusionen, und selbst ihre persönliche Meinung über die Gedanken, die sie entwickeln, dahinter zu entdecken, wird uns oft schwer genug.

Dietrich stand der Gelehrsamkeit seiner Zeit nicht fern. Er hatte sich den Magistergrad erworben, besass eine gute Kenntniss des kirchlichen und bürgerlichen Rechtes, wie überhaupt ein erhebliches literarisches Wissen, und liebte es, gleich den Zunftgelehrten, in seinen Schriften damit zu prunken. Aristoteles und die Bibel, Cicero und die Decretalen, Virgil und Petrarca müssen ohne Unterschied die Waffen zum Beweise seiner Sätze hergeben, und ihre Aussprüche stehen in seinen Briefen und Flugschriften ebenso reichlich und bunt durch einander wie in den Abhandlungen der gelehrten Professoren. Aber niemals verwendet er das schwerfällige Rüstzeug ihrer scholastischen Beweisführung mit seinen Verschlingungen von Gründen und Gegengründen, wie es zum Beispiel die Streitschriften des Andreas von Randuph belastet, und stets tritt er voll und ganz mit seiner Überzeugung und seiner lebhaften Empfindung in die Schranken.

Natürliche Anlage und die Entwickelung seiner Lebensschicksale mögen zusammengewirkt haben, um seinem literarischen Wirken diese Richtung zu geben. Denn er hat über vierzig Jahre in practischer Thätigkeit zugebracht, als hervorragender Beamter von sechs Päpsten, im Mittelpuncte der kirchlichen Geschäfte. Schon in den ersten Jahren Gregors XI. ist er an die Curie von Avignon gekommen. Er hat dann mit ihm die Überfahrt nach Rom gemacht und die verhängnissvolle Doppelwahl von 1378 mit durchlebt. Dienstliche Verpflichtung und persönliche Freundschaft, auch wohl eigenes Interesse hielten ihn bei Urban fest. Jahre lang hatte er vorher mit diesem in demselben Zimmer geschlafen, jetzt theilte er den kurzen Triumph und meist auch die lange Noth seines Herrn. Er hatte von den tyrannischen Launen des harten Mannes manches zu leiden, aber er bewahrte sich seinen Freimuth und seine Selbständigkeit. Wie nah sich beide auch zuletzt noch standen, beweist uns eine Scene aus der Sterbestunde des Papstes, die Dietrich mitgetheilt hat. Er sei damals in den päpstlichen Palast gekommen und im Vorzimmer dem Neffen Urbans, dem berüchtigten Francesco von Butillo, begegnet. Da sei ihm dieser um den Hals gefallen und habe seinem Schmerze in Thränen Luft gemacht. Der Nepote hatte Grund zum Weinen; der Tod des erhabenen Verwandten war der Wendepunct seines Glückes. Unter Bonifaz IX. kamen ruhigere Zeiten für das römische Papstthum. Der schlaue Neapolitaner verstand es, seine weltliche Herrschaft durch Missbrauch seiner geistlichen Gewalt zu sichern. Von dem Gelde, das ihm seine simonistischen Erfindungen, die Annaten und Commenden, die Exemptionen und Translationen verschafften, baute er seine Festungen und bezahlte seine Söldner; und mit Schmerz gewahrte Dietrich, wie seine Landsleute ihr Seelenheil für das Geld zu erkaufen suchten, das in die nie zu füllenden Säckel des Stellvertreters Christi und seiner habgierigen Helfershelfer floss. Dietrich sah Bonifaz und nach einer kurzen, aber sturmvollen Regierung auch dessen Nachfolger, den schwachen Innocenz VII., ins Grab sinken. Seit der Thronbesteigung Gregors XII. begann die Welt ernstlich auf die Beseitigung der bald dreissigjährigen Kirchenspaltung zu hoffen und die Einheitsbewegung griff aller Orten und bis in die höchsten Kreise hinauf mächtig und unwiderstehlich um sich.

Ihr widmete sich fortan auch Dietrich mit ganzer Seele. Wir erstaunen über die literarische Fruchtbarkeit, die er nun entwickelt. Im *Nemus unionis* hat er die Tractate, Briefe und Flugblätter vereinigt, die er innerhalb eines Jahres, vom Sommer 1407—1408, im Interesse der grossen Sache geschrieben. Es ist das eine bunte Gesellschaft. Wir finden private Correspondenzen zwischen ihm und seinen Freunden und officielle Schreiben, wie das Gutachten über den Congress von Savona, gelehrte Streitschriften von ihm und seinen Parteigenossen gegen die Gegner, besonders den Erzbischof von Ragusa, und Pamphlete voll grober Satire und barocken Humors, wie es der Geschmack der Zeit liebte, vor Allem aber eine Reihe von Bullen und Erklärungen der beiden Päpste, die auf die Vorgeschichte des Pisaner Concils das hellste Licht werfen. Zu dem hervorragendsten gehören dann die drei Flugblätter, aus denen wir die politischen Ideale Dietrichs kennen gelernt haben. Kaum mit dem publicistischen Zwecke des Werkes zu vereinigen sind die Sittenschilderungen des Klerus in den verschiedenen Ländern der Christenheit, noch weniger die Betrachtungen über die verschiedenen Lebensalter, in denen er sich im Anschluss an eine kurze Charakteristik der Päpste, unter denen er gedient hat, ergeht. Solche behaglich breiten Excurse sind das besondere Vergnügen unseres Schriftstellers. In der Vorrede zur *Geschichte des Schisma* sucht er sich dafür vor seinen Lesern zu rechtfertigen. Er habe sie eingeflochten, um ihnen ab und zu eine Erholung von der historischen Lectüre zu verschaffen. Wir sind ihm für diese zwanglosen Einschiebungen dankbar, denn wir erhalten durch sie besonders interessante Einblicke in die Zeit und ein treues Bild seines eigenen Denkens und Empfindens. Über seinen Schreibeifer äussert er sich selbst einmal in dem oftgenannten Brief *an den deutschen Prälaten:* er habe Anfangs gar nicht so viel schreiben wollen, aber einmal dabei, habe ihm die Feder nicht zur Ruhe kommen können; ein Citat aus der *Ars poetica* muss ihn bei dem Freunde entschuldigen. In der uns vorliegenden Ausgabe des *Nemus unionis* sind noch nicht einmal alle schriftlichen Erzeugnisse Dietrichs aus jenem Jahre erhalten. Der Freund Schards, der ihm das jetzt verlorene Manuscript zum Abdrucke übersandte, hat manches weggelassen. So vermissen wir eine Fugschrift Dietrichs gegen seinen gehassten Gegner, den Cardinal von Ragusa. Im Jahre nach dem Pisaner Concil sind dann die drei Bücher *über das Schisma* entstanden, eine Arbeit, zu der wohl Niemand geeigneter sein mochte als Dietrich. Er ist durch sie der erste Geschichtschreiber der grossen Kirchenspaltung und unsere vorzüglichste Quelle für sie geworden; aber er selbst schrieb nicht für die Nachwelt, sondern für seine Zeitgenossen. Auch hier ist das publicistische Interesse die Triebfeder. Wenig später mögen ihn die Wahl Johanns XXIII. und Ruprechts Tod zu jenen dialogischen Ausarbeitungen bewogen haben, die so lange, willkürlich getrennt, für verschiedene Abhandlungen gegolten haben. Auf der Flucht mit seinem Herrn in Florenz entdeckt er zwei Urkunden, die seinen Kaisertheorieen zu entsprechen scheinen, und es entsteht jenes Conglomerat von historischen, sagendurchwirkten Erzählungen und zeitgemässen Betrachtungen, die wir unter dem Namen „*Privilegia aut jura Imperii*" kennen gelernt haben. Wenn sich in dieser Schrift ganz besonders zahlreiche Parallelen zu den *Avisamenta* fanden, so war das natürlich, weil diese etwa um dieselbe Zeit in die Welt traten, während das fast gleichzeitige Erscheinen der ersten reformatorischen Arbeit mit dem historischen Werke sich ebenfalls in einer besondern Häufung der Anklänge äusserte. Das Leben Johanns und im Anschluss daran das Constanzer Tagebuch ist das letzte Werk, das wir von Dietrich besitzen. Fast bis zum letzten Tage (Ende Juni 1416) können wir darin seine Hand verfolgen.

Diese Schriften umspannen die kurze Zeit von neun Jahren, aber nichts nöthigt uns zu der Annahme, dass Dietrich blos im Alter geschriftstellert habe. In dem *Nemus unionis* erwähnt er selbst ein *Liber de regionibus orbis et qualitatibus habitantium in eisdem*, das er vor kurzem veröffentlicht habe. Die wenigen Kapitel, in denen er eine Charakteristik des irischen, schwedischen, deutschen, italienischen und griechischen Klerus giebt — auch über den letzten aus eigener Anschauung, die er in Süditalien gewonnen haben mag — sind ein Bruchstück dieser nicht auf uns gekommenen Abhandlung. In dem Leben Johanns verspricht er sich über dessen Constanzer Schicksale kurz fassen zu wollen, da er diese in einer eigenen Schrift behandelt habe — es ist vielleicht der Tractat, den Hardt unter dem Titel „*Invectiva in diffugientem e Concilio Johannem XXIII.*" herausgegeben hat. Hinweisungen eines jüngern Zeitgenossen, Dietrich Engelhus, auf eine Chronik Niems als Quelle seines eigenen Werkes lassen sich mit keiner der uns bekannten Arbeiten zusammenbringen und zwingen uns, noch an ein besonderes Geschichtswerk zu glauben, das nur bis jetzt nicht entdeckt ist. Und endlich eröffneten uns die Bruchstücke des Wiener Codex den Blick noch auf weitere unbekannte Arbeiten.

Eine solche Fülle von Geisteserzeugnissen, zum Theil persönlichster Art, müsste uns gestatten, ein Bild von dem Charakter dieses Mannes zu entwerfen, auch wenn er nicht ebensosehr in den systematischen Schriften wie in seinen Briefen mit seinen persönlichen Empfindungen überall hervorträte.

Wir haben schon die beiden Gesichtspunkte gekennzeichnet, um die sich hauptsächlich die publicistische Thätigkeit unseres Schriftstellers concentrirt.

Es waren einmal der Papst und die Curie selbst, auf die sich seine Angriffe richteten. Wir sahen, dass die Klagen über die Erpressungen der Päpste und ihrer Diener, die die Hardtschen Schriften erfüllen, nicht minder oft und lebhaft in den altbekannten Arbeiten Dietrichs laut werden, während die Reform der niedern Schichten der Hierarchie sehr selten und mit wenig Nachdruck angeregt wird. Das Haupt muss erst gesunden, dann werden es auch die Glieder des Leibes Christi — das war der Refrain aller Betrachtungen und Wünsche unseres Schriftstellers.

Mit dieser Richtung verbanden sich nun bei Dietrich jene phantastischen Ideeen von der Oberhoheit des Kaiserthums, die Begeisterung für die vergangene Herrlichkeit des Reiches und seiner grossen Herrscher, der Zorn über den jetzigen Verfall und der feste Glaube an die Möglichkeit einer Wiederaufrichtung in den Grenzen der alten Macht. Gedanken, die seine Schriften fast noch mehr erfüllen als die Klagen über den kirchlichen Verfall und deren lebhaftes Widerklingen in den Hardtschen Abhandlungen uns ganz besonders deren Ursprung verräth. Allerdings traf Dietrich in der Meinung, dass vor Allem der Kaiser ein Concil berufen und beschützen müsse, mit der allgemeinen Überzeugung der Zeit zusammen. Wenn diese Idee besonders im Anfang der Bewegung sehr zurücktrat, so kam es, weil letztere ihren Ursprung in Frankreich genommen hatte. In Deutschland liessen die innern Gegensätze an die Durchführung einer so weitschauenden kirchlichen Politik nicht denken. So geschah es, dass in der Form, welche die Erhebung gegen das Doppelpapstthum während der neunziger Jahre in Theorie und Praxis gewann, weder Generalconcil noch Kaiserthum Raum fanden. Wie die Lehre von der Cession und Substraction in den Kreisen der Pariser Universität entstand und vertheidigt wurde, so war auch die Politik, welche durch sie interpretirt wurde, eine französische; und als der Dreikönigsbund, zu dem Karl, Richard und Wenzel aus kirchlichen, politischen und dynastischen Interessen zusammentraten, die Hebung der Kirchenspaltung auf diesem Wege versuchte, war Frankreich die führende Macht. Als darauf die Bewegung sich wieder der *Via Concilii* zuwandte, traten auch die Rechte des Kaiserthums von neuem in den Vordergrund. Schon längere Zeit vor dem Pisaner Concil gestand der berühmte Commentator Franz Zabarella zu, dass das *jus primitivum* der Concilsberufung beim Kaiser sei. So hätten es Constantin, Justinian und Karl gehalten. Es wäre dann auf die Päpste und im Fall einer Doppelwahl auf die Cardinäle übergegangen, aber, wenn auch diese uneins seien, müsse das ursprüngliche Recht wieder in Kraft treten und der Kaiser, seiner Pflicht als Schirmvogt der Kirche gemäss, das Concil zusammenrufen [1]). Schliesslich führten

---

[1]) Vergl. o. S. 71.

die Verhältnisse doch zu einem Concil ohne kaiserliche Berufung, und als Ruprecht gegen die Rechtmässigkeit der Versammlung Protest einlegte, kam es zu jener höhnenden Abweisung seitens des Concils und zur Erhebung seines luxemburgischen Gegners. Aber wenn er sich durch diesen Protest der herrschenden Bewegung in den Weg stellte, so war wieder das Pisaner Concil ein zu vorschneller Versuch, sie zum Siege zu führen. Die abgesetzten Päpste regierten ruhig weiter, sie verdammten die Pisaner Cardinäle und Bischöfe als Abtrünnige und Verräther und fanden in einem grossen Theile der Christenheit Anerkennung und Unterstützung. Das Ansehen des Pisaner Concils musste um so mehr verlieren, als nach dem Tode des Concilspapstes in Johann XXIII. ein Mann auf den Thron Petri kam, der durch die Schamlosigkeit seiner kirchlichen Verwaltung und seines persönlichen Verhaltens die schlimmsten Zeiten des Schisma übertraf, zur Abdankung jedoch ebensowenig Lust bezeigte wie seine Gegner. Nun war es natürlich, dass die alten Ideeen wieder practische Bedeutung gewannen. Das Imperium bot, was das Pisaner Concil entbehrte: die theoretisch unzweifelhafte Grundlage für ein Concil, das sich zum Richter über die geistlichen Häupter der Christenheit erheben wollte. Eine Schrift, die nicht lange vor dem Constanzer Concil aus französischen Kreisen in die Welt kam — man könnte sie vielleicht das Concilsprogramm der Franzosen nennen — bezeichnet es als die Pflicht des Kaisers, die er durch sein kirchliches Vogtamt übernommen habe, den Sitzungen des Concils beizuwohnen [1]).

---

[1]) Ich meine die von H a r d t herausgegebenen *Capita agendorum in concilio generali Constantiensi* (K. 4. 14 : 510. 528). S t e i n h a u s e n hat (a. a. O. 4 ff.) die grundlose Vermuthung H a r d t s, dass Zabarella der Verfasser sei, zurückgewiesen und die Resultate einer Untersuchung des Herrn Dr. S c h u m a c h e r, die noch nicht erschienen sei, mitgetheilt. Ich weiss nicht, ob diese später herausgekommen ist. Das Ergebniss ist, dass der Tractat französischen Ursprungs, aber nicht aus den Kreisen der Pariser Universität und im Anfange des Concils verfasst sei. Ich möchte für den Autor Pierre d'Ailly selbst halten und setze die Schrift in das vierte Jahr Johanns XXIII., noch vor die Vereinigung mit Sigismund. Das Concil, für

Der Erfolg hat gezeigt, wie weit diese Stimmung verbreitet war und welche Macht sie besass: Sigismund brauchte nur die Lösung der kirchlichen Frage in die Hand zu nehmen, so brachte er die Bewegung in Fluss und machte sich zu ihrem Herrn. Aber

das jene Reformvorschläge gemacht werden, ist demnach nicht das Constanzer, sondern das, welches Johann zum Beginn des Jahres 1413 berufen, dann aber bis zum December aufgeschoben hatte. Pierre d'Ailly hat damals eine sehr bedeutende Thätigkeit, die bis jetzt freilich noch fast ganz im Dunkel liegt, in Italien eben für dies Concil entfaltet. Der Beweis für diese Sätze würde eine eigene Abhandlung erfordern. Er würde zum Theil geführt werden müssen durch eine Vergleichung der *Canones reformandi ecclesiam*, die d'Ailly am 1. Nov. 1416 herausgab, besonders des 2. Kapitels, wozu noch die von Hardt II. 584 mitgetheilte *schedula* heranzuziehen wäre. Dass die Schrift vor dem Constanzer Concil abgefasst ist, machen neben andern zwei Stellen gewiss, K. 2: *Item, quod ex nunc per facultatem theologicam quatuor eligantur nominales doctores, qui usque ad generale concilium diligenter omnia puncta, fidem et mores concernentia, in libris doctorum theologiae contenta, pervideant punctaque tenenda, in quibus controversiae vertuntur opinionum, discutiant et determinent,* und K. 4 (512): *Item super praemissis aliisque reformationem ecclesiae concernentibus, ante celebrationem concilii expediret a sede apostolica certos commissarios deputari, qui examinata et diligenter discussa materia tradendorum per eos digesta referrent, priusquam venirent in publicum et maturius e generalis sacri auctoritate concilii omnia coucluderentur.* Dass die Vorschläge vor dem Eingreifen Sigismunds niedergeschrieben sind, scheinen mir unter andern zwei Stellen unzweifelhaft zu machen, K. 9 (519): *Secundum est, ut illa, quas cogitant facere reges, principes et praelati bis nos praeveniremus et nobis totum adscriberemus ob unitatis gloriam et honorem,* und K. 14 (528): *Si in concilio videbitur, quod ultra praelatos intersint oratores regum et principum, et de hoc requirantur, praecipue autem imperatoris, qui etiam ex debito officii deberet personaliter interesse.* Die Abhandlung hinter den 17. Mai 1413 zurückzuversetzen hindert der Satz (K. 15 : 527): *Praeter modos in jure scriptos fuit facta in urbe anno tertio domini nostri Iohannis constitutio poenalis opportuna, quam debet habere dominus Pisanus.* Diese Stellen sind zugleich Stützen für die Annahme, dass der Tractat an der Curie und zwar in dem Cardinalskreise entstanden ist. Der Titel, der auf der Handschrift stand, muss irrthümlich von einem spätern Abschreiber gesetzt sein, der übrigens auch nicht alle Kapitelsüberschriften, die er im Eingange anführt, ausgefüllt und einige verschoben hat.

wie hätte ein Franzose in jener Zeit etwa die Rückgabe des burgundischen Reiches an die schwachen und verachteten deutschen Nachbarn oder ein italienischer Bischof die Restitution der deutschen Besitzthümer in Italien an das Reich verlangen können! Eine solche Begeisterung, wie sie die Hardtschen Schriften athmen, konnte — ich komme nochmal darauf zurück — nur in dem Herzen eines Deutschen leben.

Haben wir nun die beiden grossen Triebfedern für Dietrichs literarische Thätigkeit gefunden, so kennen wir auch überhaupt die Wurzeln seines Wesens. Gewiss, er stand in den Angriffen auf die simonistischen Sünden der Päpste und ihrer Curialen nicht allein. Die Fülle der Schäden, an denen der Leib der Kirche Christi krankte, fand stets weit weniger Beachtung als diese Krankheit des Hauptes, deren Unerträglichkeit mehr als alles andere der Quell jener Bewegung war, die durch Ausbildung der Theorie von der Suveränität des Concils zur Überwindung des Schisma und der Absolutie des Papstthums führte, wie denn auch die Errungenschaften, die man schliesslich von Constanz heimbrachte, zum allergrössten Theil solche finanziellen Momente, die Befriedigung realer Interessen betrafen. Aber ein Mann, der nach einer fast vierzigjährigen Thätigkeit an der Curie, in einer hervorragenden Stellung, die ihn überall bekannt machte, in solcher Weise gegen die Bestechlichkeit seiner Amtsgenossen auftreten konnte, musste von seinen Zeitgenossen als ein treuer und gewissenhafter Beamter gekannt sein. Die andere Reihe der Ideeen aber, die unsern Schriftsteller beherrschten, die Hoffnungen, die er auf die Wiedererweckung der alten Kaiserherrlichkeit setzte, entsprangen dem reinen Quell der Vaterlandsliebe. Der Patriotismus eines Deutschen jener Tage äusserte sich freilich anders als heute. Dass Deutschland besser gedient worden wäre, wenn seine Könige sich auf die Aufgaben innerhalb ihres Stammlandes beschränkt hätten, ist jetzt offenbar. Aber solche Überlegungen lagen jenen Zeiten fern. Seltsam, wie sich die Verhältnisse seitdem umgedreht haben: was wir heute als ultramontanes Hirngespinnst verlacht haben, die Schirmvogtei des deutschen Kaisers über die römische Kirche, war damals die Forderung des Patrioten. Aber mögen die Ziele im Laufe der Zeiten andere geworden sein, die Gesinnung, der die damaligen entsprachen, war dieselbe wie heute: die Liebe zum Vaterlande, das Erwachen des nationalen Gedankens. Ich finde nicht, dass Dietrich hierbei von irgend einem andern Interesse geleitet gewesen sei. Seine Anklagen gegen die schlechten Könige der letzten funfzig Jahre waren oft ungerecht. Die Dauphinée z. B. war nicht durch Kauf, sondern durch Erbschaft an Frankreich gekommen, und die römischen Könige, auf die er so bittere Vorwürfe häufte, waren weniger durch ihren bösen Willen als durch die innere Zerrüttung des Reiches in der Vertheidigung der kaiserlichen Prärogativen und der auswärtigen Besitzungen gelähmt. Aber mag man darum die Masslosigkeit der Vorwürfe Dietrichs auch mit Recht tadeln, so verdient doch die Gesinnung, die sie eingab, unsere aufrichtige Bewunderung. Er machte keinen Unterschied zwischen Pfalz und Luxemburg. Dass Ruprecht es sich lieber in seinem schönen Heidelberg wohl sein lasse, als Mailand wiederzugewinnen, erweckte eben so sehr seinen Zorn als die schnöde Preisgebung dieses Landes durch Wenzel. Selbst noch in Constanz, nachdem Sigismund die von ihm ersehnte Politik ergriffen und zu so grossen Erfolgen geführt hatte, konnte er die alten Vorwürfe nicht bergen [1]).

Wie sehr Dietrich in seinen politischen Ideeen nur durch seine warme patriotische Gesinnung beeinflusst wurde, geht aus den vertrauten Briefen an seine Freunde hervor, in denen er fast nie versäumt, seiner Trauer über den Verlust irgend eines Reichslandes Luft zu machen, sowie aus den vielen gelegentlichen Erörterungen, zu denen er am häufigsten eben durch den Wunsch, sein Vaterland hochgestellt zu sehen, veranlasst wird. Es ist eine Freude zu sehen, wie ihm der Besuch der schönen Stätten Campaniens überall die Erinnerung an die deutsche Heimath, von der er fast stets fern war, erweckt. So denkt er in der altchristlichen Kuppel-

---

[1]) *Vit. III. 33.*

kirche S. Maria Maggiore bei Nocera an den in der That ähnlichen Dom Karls des Grossen zu Aachen und bringt das römische Bauwerk in Verbindung mit dem frommen und gewaltigen deutschen Kaiser Heinrich II. Der habe die Kirche gegründet zum Dank für einen Sieg, den er hier über die Sarazenen erfochten [1]. Den Monte Barbaro bei Neapel hält er für den Gralberg der deutschen Sage [2]), die Engelsburg ist ihm ein Castell Dietrichs von Bern. Ich weiss nicht, ob der abenteuernde Herzog Otto von Braunschweig sich besonders vor den italienischen Soldführern jener Zeit ausgezeichnet hat. Dietrich stellt ihn, während er sonst auf seine Collegen schlimm zu sprechen ist, als das Ideal der Ritterlichkeit hin, weil er sich über die deutschen Hiebe freut, die sein starker Arm auf die schwachen, verächtlichen Wälschen führte. Auch die italienischen Geistlichen müssen vor den deutschen in den Schatten treten. In Italien, meint Dietrich, prunken die Prälaten in kostbaren Gewändern, und treiben verschwenderischen Luxus, aber sind Knicker gegen die Armen, deren Wohl dem Klerus seines Vaterlandes weit mehr am Herzen liege [3]). Die Ketzereien des Hieronymus von Prag erwecken kaum so sehr seinen Zorn als die Schmähungen, die er sich vor dem Concil gegen die Deutschen erlaubt habe durch den Vorwurf, dass sie ungerechter Weise die Herrschaft in Böhmen angestrebt hätten. Das hat er in seinen Hals gelogen [4]), ruft Dietrich aus, die wilden und bestialischen Böhmen haben ihre Cultur erst von den Deutschen erhalten, die das Land vor Jahrhunderten im redlichen Kampf eroberten und die böhmischen Herzoge zu Ministerialen und Vasallen des Kaisers oder römischen Königs machten.

Auch zu den Angriffen gegen die simonistischen Sünden des päpstlichen Hofes mag ihn ebenso sehr der Zorn des Patriotismus

---

[1]) *Schism. I. 39.*
[2]) *Schism. II. 20.*
[3]) *Nem. un. VI. 36.*
[4]) *In collum suum mentitus est (Vit. III. 34).*

wie sein entrüstetes Rechtsgefühl getrieben haben. Es empörte ihn, sehen zu müssen, wie die wälschen Prälaten ihre weltlichen Ziele mit dem Gelde zu erreichen suchten, das ihre betrügerischen Agenten von der Frömmigkeit seiner Landsleute erpressten. Doch hat er in diesen Angriffen oft das Mass überschritten. Die finanziellen Bedrückungen, welche das Doppelpapstthum über die Christenheit brachte, mochten unerträglich sein und zur ungerechten Bereicherung der Curialen und ihrer Herrn führen, aber sie entsprangen doch nicht blos der Habgier, sondern der wirklichen Noth, und es ist schwer, hier Schuld und Schicksal aus einander zu halten und das Verhältniss beider zu bestimmen. Denn die Christenheit hatte nicht nur zwei Päpste, sondern auch zwei Cardinalscollegien und einen doppelten päpstlichen Hofstaat zu unterhalten, und die Päpste von Rom kämpften nicht blos um den Bestand ihrer Würde gegen die geistlichen Gegner, sondern auch um die Erhaltung ihrer irdischen Besitzthümer gegen die grossen und kleinen weltlichen Feinde. Bonifaz IX. brachte durch seine »simonistische Pflanzung« die Bewegung in Fluss, die zum Sturze der päpstlichen Obmacht führen sollte, aber er sicherte sich durch die Festungen, die er von den erpressten Geldern erbaute, und durch die Söldner, die er mit ihnen bezahlte, die Ruhe seiner weltlichen Herrschaft. Dietrich übersieht dies Moment völlig und übertreibt die Schuld, erblickt in dem ganzen Treiben nur eine unersättliche Habgier. Wie viel man von seinen Schilderungen abziehen muss, erhellt z. B. aus der Bemerkung, dass an der Curie des Bonifaz kein einziger um die Betrügereien sich Grillen gemacht habe, an derselben Curie, die ihn zu ihren hervorragendsten Beamten zählte.

Diese Masslosigkeit in Darstellung und Urtheil erklärt sich zum Theil aus dem Wesen und Zweck der literarischen Thätigkeit Dietrichs. Er war eben ein Publicist und wollte auf sein Publicum und für die grosse Sache, die er verfocht, wirken. So war es natürlich, dass er, stets unter dem frischen Eindruck der Begebenheit schreibend, bisweilen drastische Mittel gebrauchte, die Farben etwas zu stark auftrug. Aber die Ursache hiervon liegt doch noch

mehr in dem Wesen unseres Schriftstellers selbst. Die Lebhaftig-
keit seiner Empfindung, die begeisterte Theilnahme für seine Ideale
rissen ihn oft mit sich fort und liessen ihn über das Ziel hinaus-
schiessen. Die kirchlichen Reformen, die er plante, waren ebenso
unmöglich als die politischen. Diese wollten Zustände ins Leben
zurückrufen, die Jahrhunderte zurücklagen, ja in dieser Form
kaum jemals existirt hatten, jene erstrebten Dinge, deren Erreichung
nicht möglich war. Dietrich wollte nichts mit denen gemein
haben, die ganz aus der hierarchischen Ordnung heraustraten. Er
sah die husitischen Ketzer mit derselben Freude und Genugthuung
in den Flammen des Scheiterhaufens wie die andern reformeifrigen
Concilsväter [1]. Es war ja überhaupt nicht eine Bewegung der
Massen, die zu den Versammlungen von Pisa und Constanz führte,
sondern eine Revolution von oben. Die leitenden Kreise, die oberen
Schichten der Gesellschaft, an der Spitze die Regierungen und
Cardinäle, erhoben sich zu einer oligarchisch-constitutionellen Neu-
gründung der Kirche. Sie richteten ihre Angriffe ebenso sehr
gegen die ketzerischen Revolutionäre wie gegen das absolute Papstthum, sie suchten die Ausscheitungen der geistlichen Herrscher
der Christenheit zu beschränken und zu controliren, aber sie
wollten auch die Bewegungen der unteren Schichten ersticken.
Nur an dieser, ich möchte sagen officiell erlaubten Revolution
wollte Dietrich Theil haben, aber auf dem von der herrschenden
Meinung als katholisch anerkannten Boden des Generalconcils war
er allerdings radikaler Reformer.

Der Weg, auf dem er vorgieng, war kein anderer als der,
auf dem die Reformbewegung überhaupt zu ihren Zielen kam.

---

[1] Man betrachte die Erbarmungslosigkeit des Ketzerhasses in der Be-
schreibung, die er uns von dem Martyrium des Hieronymus von Prag hinterlassen hat. *Et dum ligatus duceretur ad mortem, cantavit publice symbolum,
scilicet: Credo in unum Deum etc. licet tarde et continue loquebatur, quo-
usque decessit, seu os ad loquendum potuit aperire, obstinatissimus in prae-
dictis suis erroribus, in vita et in morte praesumptione diabolica et dam-
nabili perseverans.*

Wir haben ihn kennen gelernt: es war der Gedanke, dass der
Regent um des gemeinen Wohles willen da sei, dass auch das
positive Gesetz nur das Beste des Staates bezwecke, dass man
also weder dem Herrscher noch seinen Gesetzen folgen dürfe, sobald
sie ihren Absichten untreu würden, mit andern Worten die Lehre
von dem natürlichen Nothrecht, die Epikie, der Hebel, den seit
Langensteins epochemachendem Tractat alle Versuche, die das
Schisma überwinden wollten, angesetzt hatten, der die Theorieen
von der Cession und Substraction, den Zusammentritt des Pisaner
und Constanzer Concils rechtfertigen musste [1]). In der That ein
sehr gefährlicher Gedanke. Die gelehrten Vertheidiger, die in
diesen Jahren der Mord des Herzogs von Orleans fand, stützten
sich auf keinen andern, und es war eine eigenthümliche Fügung,
dass diese staatsfeindliche Lehre in Constanz von den Männern
verdammt wurde, deren Richteramt auf demselben Grundgedanken
beruhte [*]). Auch für Dietrich ist dieser Satz der Zauberstab, mit
dem er alle Wünsche ermöglicht, die Obedienzentziehung und die
Abdankung auch des rechtmässigsten, unzweifelhaften Papstes, da
ja auch Christus für das Wohl des Ganzen in den Tod gegangen
sei, die Bestrafung der geistlichen und weltlichen Tyrannen der
Kirche, die Abschaffung aller simonistischen Institutionen. Selbst

---

[1]) H übler hat in seinem für die Geschichte des Constanzer Concils
grundlegenden Buche (soweit dies bei dem jetzigen Stande der Quellen
möglich ist) die Entwickelung dieses Gedankens durch die Flugschriftenliteratur der Zeit mit gewohnter Präcision in den Hauptmomenten gekennzeichnet (Anhang II., S. 360 ff.).

[*]) Es ist daher erklärlich, dass die drastischste Form, in welcher der
Grundsatz der Epikie ausgesprochen worden ist, gerade von dem Vertheidiger
des Tyrannenmordes stammt. Jean Petit deducirte auf der französischen
Generalsynode von 1406 zur Begründung der Substraction so: *Ponamus,
qu'il y ait deux Maistres en une nef, qui ne facent que estriver ensemble
et s'entr' impugner et ne entendent pas à gouverner la nef, les autres Mari-
niers laisseront ils tout périr? Non pas, il en feront sustraxion:
ils les jetteront ainssois en l'eauè, s'ils ne les puent autre-
ment mettre à accord.* Vergl. Hübler a. a. O. 378, A. 31.

der Eid, den der Kaiser dem Papste geschworen, sinkt hin vor diesem obersten Princip des Handelns.

Wir wissen nicht, welche Rolle Dietrich in Constanz gespielt hat. In den Acten begegnet uns sein Name niemals, nicht einmal in dem Fremdenverzeichniss Dachers; er selbst aber spricht von seiner Thätigkeit auf dem Concil in dem Tagebuch gar nicht, und dies bricht schon im Juni 1416 so plötzlich ab, dass man — unrichtiger Weise freilich — daraus hat schliessen wollen, der Tod habe ihn mitten aus der Arbeit abberufen. Indessen, wenn er dort überhaupt handelnd in die Bewegung mit eingegriffen hat, die durch seine Schriften so sehr gefördert worden war, so wissen wir auch, auf welcher Seite er sich gehalten. Die *Avisamenta* enthalten Vorschläge, die wirklich von der Anfangs mächtigen Partei der vorwärtsdringenden Bewegung aufgestellt und in dem ersten Reformausschuss durchgebracht sind. So kam es hier zur Streichung aller älteren Exspectativen, worauf Dietrich in jener Schrift gedrungen hatte [1]. Um dem Nepotenunwesen zu steuern, hatte er die Verwaltung der kirchlichen Besitzungen durch Cardinäle in Vorschlag gebracht. Dem entsprach in dem ersten Reformatorium die Bestimmung, die der Papst sogar in den Verfassungseid aufnehmen sollte: niemals zur Regierung der Provinzen und Sprengel der römischen Kirche andere zu verwenden als Cardinäle und Prälaten [1]. Dann legten sich die zuerst so hochgehenden Wogen der reformatorischen Bewegung. Die Politik der Mittelpartei gewann die Oberhand, und schliesslich liess man auch das wenige wieder fallen, was von den radikalen Vorschlägen Anfangs Geltung gefunden hatte. Der Satz von der Alleinberechtigung der Prälaten für die wichtigeren Verwaltungsposten fand in der Reformacte Martins V. Aufnahme, blieb aber unausgeführt. Die die Annullirung der Exspectativen betreffende Bill ward am Ende ganz von der Tagesordnung abgesetzt. Hingegen lehrt eine Vergleichung der Urkunden, in denen schliesslich die Reform-

---

[1] Hübler 80.

arbeiten ihren Abschluss fanden, besonders der Reformacte, mit Abhandlungen, wie die *Canones reformationis* und noch mehr die *Capita agendorum*, welchen Einfluss die von Pierre d'Ailly geleitete Partei, deren Grundsätze darin niedergelegt waren, im Verlaufe des Concils gewann. Während von den durchgreifenden Massregeln, welche die *Avisamenta* beantragten, fast keine in die endgültige Redaction der reformatorischen Arbeiten aufgenommen worden ist, geht diese an vielen Stellen wahrscheinlich unmittelbar auf die *Capita agendorum* zurück, sodass wir also auf diesem indirecten Wege die Theilnahme der verschiedenen Parteien an den Verhandlungen und ihre Erfolge festzustellen vermögen [1]).

Indessen die Bedeutung des Constanzer Concils liegt schliesslich nicht in den kümmerlichen Resultaten der reformatorischen Unternehmungen, die scheitern mussten, »weil sie Geistliche und Weltliche scheuten«, weil sie eine Unzahl von Interessen verletzten, die eben in den bekämpften Missbräuchen wurzelten und von denen die Reformparteien selbst mehr oder weniger beeinflusst wurden, sondern in der Thatsache, dass hier die grosse Bewegung, die durch das Doppelpapstthum ins Leben gerufen war, Ziel und Abschluss erlangte, dass sich der Gedanke von der Oberhoheit des Generalconcils als eines kirchlich-politischen Areopags des »christlichen Volkes« durchsetzte und als das Grundgesetz in das kirchliche Verfassungsleben eingefügt wurde.

An dieser Bewegung als einer der eifrigsten mitgearbeitet zu haben, wird der unvergängliche Ruhm Dietrichs bleiben. Gewiss ist er in manchen Ideeen — auch darin ein Deutscher — zu idealistisch, ja selbst phantastisch gewesen. Aber, um eine solche Umwälzung in dem Bewusstsein der Zeit allgemein zu machen, bedurfte es der begeisterten Hingabe an die Idee, die nicht fragte, was erreicht werden konnte, sondern was erreicht werden musste,

---

[1]) Besonders nachdem H ü b l e r uns dies durch die Gegenüberstellung der Urkunden und der ihnen zu Grunde liegenden Vorarbeiten so bequem gemacht hat (S. 118 ff.).

des sittlichen Zornes, der im Eifer für die gerechte Sache auch wohl übereifrig und ungerecht in seinen Anklagen wurde, des festen Glaubens an die Möglichkeit, die verfallenden, dem Untergange entgegeneilenden Ordnungen der christlichen Welt mit neuem Leben zu erfüllen. Sodass in dem Grundzuge seines Wesens, in dem Eifer und Übereifer der Gesinnung, zugleich die Stärke und die Schwäche unseres Schriftstellers ruht.

Es ist von besonderem Interesse, zu beobachten, wie verschiedene Wünsche in derselben Zeit die gleich warme Liebe zum Vaterlande in der Brust eines Deutschen und eines Franzosen hervorrief.

Auch in Frankreich unterstützte und leitete diejenige Partei die kirchliche Bewegung, die das lebhafteste Gefühl für die Grösse und das Glück des eigenen Staates hatte. Ein Mann wie Johannes Gerson opponirte gegen die kirchlichen Bedrückungen gerade im Interesse seines Landes und rechnete es für einen Ruhm seiner Nation und seines Königs, besonders eifrig an der Beilegung des Schisma gearbeitet zu haben.

Aber sein nationales Empfinden gieng nicht ganz auf in den kirchlichen und auswärtigen Aufgaben des Staates.

Es waren damals jene furchtbaren Zeiten, in denen die Wuth der innern Parteien und der Druck der fremden Eroberer wetteiferten, Frankreich in einen Abgrund des Elends zu stürzen. Von der Ermordung des Herzogs von Orleans an, welche Fülle schrecklicher Ereignisse! In den entbrennenden Kampf der Parteien mischt sich, von beiden gerufen, der auswärtige Feind. Nicht lange, und es erfolgt der gewaltige Einbruch Heinrichs V.: auf dem Schlachtfelde von Agincourt wird die Blüthe der französischen Ritterschaft vernichtet. Von neuem bricht der englische Eroberer in das Land ein; doch während er die Städte und Burgen der Normandie erobert, rast im Innern des erschöpften Reiches unerschöpft die Wuth des Bürgerkrieges. Die revolutionären Leiden-

schaften der Hauptstadt entladen sich in · den furchtbaren Juni-
Tagen von 1418. Im Jahre darauf rächt die orleanistische Partei
dies Blutbad und den Mord des früheren Führers auf der Brücke
zu Montereau; aber die meuchlerische That treibt den burgundischen
Gegner völlig in die Arme Heinrichs, und bald erhält dieser mit
der Hand der französischen Königstochter die Regentschaft des eroberten Landes und die Aussicht auf seine Krone.

Aber in dieser Noth reifte die Gesinnung, die Frankreich ver-
jüngen sollte: die Erkenntniss, dass der Abgrund, der die Wohlfahrt
des Landes zu verschlingen drohte, sich nur schliessen lasse durch
die Hingabe an das grosse Ganze, durch die Concentrirung und
Stärkung der Staatsgewalt. Gegen den fremden Eroberer erhob
sich das Nationalgefühl, aus den Kämpfen der innern Leiden-
schaften rang sich das Bewusstsein von der Nothwendigkeit eines
starken Königthums empor und jedes trug und stützte das andere.
So ward unter diesem doppelten äussern und innern Druck die
nationale französische Monarchie geboren.

Schon im Beginn dieser Erschütterungen hielten Gerson und
seine Gesinnungsgenossen vor dem Könige und den feindlichen
Prinzen jene grossen Staatsreden „*pour la réformation de roy-
aume*“[1]), in denen sie als auf den einzigen Halt in den äussern
und innern Gefahren auf die Stärkung der königlichen Gewalt und
des nationalen Bewusstseins ‚hinwiesen. Sie machten den aristo-
telischen Gedanken von dem *bonum commune* fruchtbar für die
unmittelbaren Interessen des Staates. Sie wiesen hin auf die
Nothwendigkeit einer gerechten Vertheilung der Steuern, eines
stehenden Heeres, das den König mächtiger mache, als irgend
einer seiner Unterthanen war, eines obersten, für Alle geltenden Ge-
richtshofes, und erkannten, dass der Mangel der höchsten recht-
lichen Auctorität und das rohe Recht des Stärkeren der Grund des
politischen Verfalls in Deutschland und Italien seien. Diese Reden,
von der Universität in Umlauf gesetzt und zum Theil in Auszügen

---

[1]) Vergl S c h w a b a. a. O. 426, A. 1.

verbreitet, trugen die gleichen Gedanken unter die Massen, und wenn zwei Jahrzehnte danach aus dem Volke die Jungfrau erstand, die als die „Prophetin einer Religion des nationalen Königthums" das Land von den fremden Drängern befreite, so sind auch hier Samenkörner aufgegangen, die von jenen Männern ausgestreut waren.

So erwuchs in Frankreich in Noth und Drang die nationale Gesinnung, die alle ihre Wünsche und Hoffnungen auf die innere Kräftigung der Staatsgewalt richtete, durch deren verjüngende Kraft dieses Reich stark nach Innen und frei und gewaltig nach Aussen geworden ist, während zu derselben Zeit die gleich mächtige Liebe zum Vaterlande in der Brust eines Deutschen nur die Sehnsucht nach der alten Oberherrlichkeit des Kaiserthums mit seinem äussern Glanze und seiner innern Ohnmacht erweckte.

In unserem Verlage erschien ferner und ist durch jede Buchhandlung zu beziehen:

Arnold, Dr W., Professor zu Marburg, **Ansiedelungen und Wanderungen deutscher Stämme.** Zumeist nach hessischen Ortsnamen. 44½ Bogen. gr. 8. M. 16. —
Inhalt: Einleitung. Die Ortsnamen als Geschichtsquelle. 1. Die Ansiedelungen der Urzeit. 2. Die ältesten Ortsnamen. 3. Die oberfränkischen Wanderungen. 4. Der Ausbau im Stammland. 5. Die Ortsnamen dieser Periode. 6. Die letzten grossen Rodungen. 7. Ursprüngliche Bodenbeschaffenheit. 8. Fortschritte des Anbaus. 9. Sprachliches und Diplomatisches.

„Unter vorstehendem Titel ist vor Kurzem ein nicht blos für Historiker und Linguisten, sondern auch für das grössere gebildete Publikum sehr beachtenswerthes Buch erschienen. Dasselbe liefert einen bedeutenden Beitrag zu der auf linguistischen Studien beruhenden Geschichtsforschung und kann in mehreren wichtigen Beziehungen eine bahnbrechende wissenschaftliche Arbeit genannt werden . . . Der Leser hat es hier mit dem sinnig durchdachten, geistvoll geplanten und auf das Sorgsamste ausgearbeiteten Werke eines Gelehrten zu thun, welcher besonders auch schon durch seine Verfassungsgeschichte der deutchen Freistädte, seine Geschichte des Eigenthums in den deutschen Städten, sowie seine Schriften über das Aufkommen des Handwerkerstandes im Mittelalter, über Cultur und Rechtsleben, über Cultur und Recht der Römer ebenso tüchtig als Rechtskenner wie als Geschichtsforscher sich bewährt hat." (Neue Preuss. [Kreuz]-Zeitung).

Hartwig, Dr. Otto, **Quellen und Forschungen zur ältesten Geschichte der Stadt Florenz. Erster Theil.**
1. Sanzanomis Gesta Florentinorum. 2. Chronica de origine civitatis. 3. Florenz bis zum Anfang des XII. Jahrhunderts. 18¼ Bogen. gr. 4. M. 7. 20.
Der zweite und letzte Theil, der im Manuscript schon zum guten Theil vorliegt, soll ausführliche Commentare zu theilweise noch nicht gedruckten Annalen von Florenz, ein möglichst vollständiges Consular- und Podestaten-Verzeichniss und eine Untersuchung über das s. g. Chronicon Brunetti Latini bringen. Eine Reconstruction der annalistischen Gesta Florentinorum, eines Quellenwerks, dem G. Villani und andere Chronisten fast alle ihre Nachrichten über die Geschichte von Florenz bis zum Jahre 1308 entlehnt haben, wird den Abschluss des Ganzen bilden.

Karl Frenzel schreibt hierüber in der Nationalzeitung u. A.:
„In einer ausserordentlich sorgsam gearbeiteten Monographie hat sich der bekannte Forscher sizilianischer Dinge Otto Hartwig mit den Anfängen von Florenz beschäftigt. Von seinem Werke: Quellen etc. liegt der erste Theil vor . .

Mit grosser Erwartung sehen alle Freunde der florentinischen Geschichte, nach diesem vielversprechenden Anfang, dem zweiten Theile dieser Mittheilungen entgegen".

Keller, Dr. L., Der zweite punische Krieg und seine Quellen. Eine historische Untersuchung.

14½ Bogen. gr. 8.   M. 4. 50.

„Eine sehr sorgfältige, scharfsinnige und an neuen Resultaten reiche Untersuchung . . ."   (Literar. Centralblatt).

„ . . . Wohin wir auf dem grossen historischen Büchermarkt schauen, überall drängen sich „Quellen-Untersuchungen" in den Vordergrund, deren Ergebnisse nicht immer im rechten Verhältniss zu dem darauf verwandten Fleiss und Scharfsinn stehen. Um so mehr ist es anerkennend hervorzuheben, wenn die Kritik in richtiger Würdigung dessen was sie vermag und leisten soll, neue, weithin Licht verbreitende Quellen in den Bereich ihrer Untersuchungen zieht und gerade dadurch, dass sie sich bescheidet, ihre sicheren Ergebnisse klar und bestimmt zu fixiren, dies aber mit der überzeugungsvollen Gewissheit, die jeden ferneren Zweifel ausschliesst, zu bedeutsamen Resultaten gelangt. Letzteres ist der Fall mit Ludwig Kellers Untersuchungen über den zweiten punischen Krieg und seine Quellen, die von einer vom Verfasser neuentdeckten und scharfsinnig rekonstruirten Römischen Geschichte König Juba's von Mauretanien ausgehend etc. . . . Zur Kennzeichnung des Werthes dieser Arbeit möge es genügen, zu erfahren, dass ein beträchtlicher Theil der bezüglichen Darstellung in den massgebenden Werken über römische Geschichte, von Mommsen, Schwegler, Ihne und Peter nach dieser Publikation ungenau und unhaltbar erscheint. . . . "

(Magazin f. d. Literatur d. Auslandes).

Will, Dr. C., Die Anfänge der Restauration der Kirche im elften Jahrhundert. Nach den Quellen kritisch untersucht. Zwei Abtheilungen. 24½ Bogen. gr. 8. M. 5. —

Dieses Buch umfasst zwar nur sechzehn Jahre Papstgeschichte, von 1046—1061, allein diese Zeit ist von eminenter Wichtigkeit, da in derselben die Ideen wurzeln, auf welchen das System Gregor VII. beruht. Als Hildebrand beginnt jener gewaltige Kirchenfürst seine Laufbahn unter Papst Leo IX., welcher selbst einer der Bedeutenderen unter den Inhabern des römischen Stuhles im Mittelalter war. — Das vorliegende kirchengeschichtliche Werk muss aber ein besonderes Interesse für uns Deutsche haben, weil es gerade die „deutschen Päpste"/ des Mittelalters behandelt: Clemens II., Damasus II., Leo IX., Victor II., Benedict IX. und Nicolaus II., welcher letztere das berühmte Dekret über die Papstwahl erliess. — Der Werth dieses Buches hat nicht nur in der ephemeren Literatur, sondern in Werken wie Giesebrecht's Kaisergeschichte oder Hefele's Conciliengeschichte lebhafte Anerkennung gefunden.